GUÍA BÁSICA PARA LA COMUNICACIÓN EN EDUCACIÓN

Núria Mora Lorente

GUÍA BÁSICA PARA LA COMUNICACIÓN EN EDUCACIÓN

EDICIONES PIRÁMIDE

COLECCIÓN «PSICOLOGÍA»
Sección: Manuales Prácticos

Imagen de cubierta: Freepik

Ediciones Pirámide se compromete con el medio ambiente reduciendo la huella de carbono de sus libros.

PAPEL DE FIBRA
CERTIFICADA

© Núria Mora Lorente
© Ediciones Pirámide (Grupo Anaya, S. A.), 2025
Valentín Beato, 21. 28037 Madrid
Teléfono: 91 393 89 89
www.edicionespiramide.es
Depósito legal: M. 6.954-2025
ISBN: 978-84-368-5075-8
Printed in Spain

ÍNDICE

INTRODUCCIÓN

Antes de empezar a explicaros el porqué de este libro, quiero agradeceros que lo tengáis en vuestras manos. Tanto si os ha llegado por casualidad como si os lo ha recomendado alguien, os ha resultado un título sugerente o se lo dejó alguien olvidado a vuestro lado en un asiento del tren: gracias.

Leer sobre el mundo educativo y cómo gestionarlo mejor, sin hablar directamente de pedagogía, parece un poco extraño, pero espero que con lo que os iré desgranando en cada capítulo encontréis motivos de peso para prestarle atención e iniciar una forma diferente de hacer algunas cosas en vuestro centro educativo. Por tanto, gracias de nuevo por comenzar este camino, que tanto si sois maestros, madres o padres, como si sois directivos de un centro educativo, espero que no os deje indiferentes.

¿Cómo alguien, desde la experiencia del aula, de la dirección del centro educativo y de la gestión educativa, plantea la comunicación como desencadenante de una transformación educativa real?

La respuesta sencilla es: buscando respuestas y haciendo que las cosas pasen. Y hacer que esto se convierta en mi mantra... «me hago preguntas, busco respuestas, hago que las cosas pasen».

¿Y cómo sucede? Pues una mezcla entre «azar», experimentación y causalidad (que no casualidad).

Intento ponerme en antecedentes, lo que yo llamo mis *hat tricks*.

El primer elemento (uno de tres) es que después de dieciocho años de docencia en el aula de primaria en la escuela pública, de unas cuantas horas formando maestros y profesores de secundaria para preparar sus oposiciones, asesoramientos a centros para trabajar los proyectos lingüísticos y planes de acogida a alumnado y profesorado recién llegado... la Inspección de Educación me pidió liderar un proyecto educativo desde la dirección de una escuela pública.

¿El motivo? De entrada, parecía que había habido cuatro direcciones diferentes en cuatro cursos, que las familias estaban quejosas, que había una necesidad de mejorar los índices de petición de centro, la matriculación... con los años he aprendido que eso tiene un nombre: «crisis reputacional». Con mucha ilusión y aún más inconsciencia, asumí la dirección de una escuela pública en la que no estaba trabajando hasta el momento como maestra. Desconozco si en vuestro entorno esto es o no habitual, en el contexto educativo que conozco no lo es. Las escuelas viven estas situaciones de manera bastante traumática, y en este caso incluso alguien expresó que parecía que el Departamento de Educación les había castigado con una dirección que venía de fuera del centro.

Aquel verano prácticamente no tuve vacaciones. Quería que el plan anual fuera fiel a todos los datos que podía recoger (que hasta el momento eran más bien pocos y no demasiado bien organizados), que estuviera bien estructurado, fuera coherente con las necesidades y las demandas que me había hecho la Inspección y que me sirviera para empezar el curso con una imagen de centro que mostrara a profesorado y familias que podían confiar, que alguien con conocimiento del terreno asumía el mando de aquella situación conociendo bien lo que tenía entre manos (aquí empecé a crear el relato de lo que quería; no solo quería hacerlo bien sino que quería que se supiera que lo estaba haciendo).

No os puedo decir que fuera un éxito, pero tampoco fue un fracaso. El primer claustro sirvió para que la persona que ostentaba el poder fáctico y el ascendiente moral del claustro, al terminar, me enviara un mensaje diciendo: «hacía años que no veía un curso comenzar de una manera ordenada, veremos si dura mucho». De acuerdo... hubiera preferido un «felicidades, muy bien, qué trabajo», pero dado el contexto, ese mensaje era «bueno».

Aquel curso no fue nada fácil, entre otras cosas porque ese equipo arrastraba heridas internas de su relación de años y años de convivencia, la falta de un liderazgo al frente, unas familias cada vez más demandantes con el sistema y a la vez más enfadadas con la escuela. A finales del primer trimestre debía decidir si presentaba mi proyecto de dirección para los próximos cuatro años y lo sometí a valoración de todo el equipo de profesorado. Al fin y al cabo, si querían que aquello cambiara, necesitaban a alguien que lo sacara adelante, que hiciera una planificación de qué y cómo, y que trabajara con ellos y para ellos para hacerlo posible. La gran mayoría del claustro dijo que sí; también debo decir que esa decisión tuvo «daños colaterales» y que hubo profesorado que quiso irse voluntariamente y alguno a quien no renovamos su plaza temporal para poder generar el cambio que queríamos.

En aquel momento mi frase de cabecera era «si queremos obtener resultados diferentes, debemos hacer cosas diferentes»; lo que no sabía era lo difícil que era mover un equipo que a menudo decía «siempre se ha hecho así y no nos ha ido tan mal».

Entendí que había que explicar que sí, que un poco mal sí nos había ido... de 50 plazas del grupo de infantil de tres años (el curso que empieza la escuela), había una demanda media de menos de 20 plazas que pedían la escuela en primera opción... por tanto, no éramos la primera opción educativa de 30 familias (porque por la demanda de la zona, la escuela siempre se acababa llenando, aunque fuera con familias del pueblo de al lado). Ese relato debía unirnos y hacernos más fuertes como equipo, para seguir trabajando en un único objetivo: recuperarnos de un relato de centro que jugaba en nuestra contra.

Comprendí en aquel momento que las resistencias al cambio solo se pueden vencer de una manera: con un relato. Contarnos una historia, compartirla, hacerla nuestra y sentir que eso nos define, nos hace ser parte de algo, formar parte de un proyecto común. Necesitábamos compartir un relato que incluyera a todos, a los nuevos y a los que ya estaban, a las personas escépticas y a las que tenían ganas de moverse y hacer las cosas de otra manera; también es cierto que surgieron voces de profesores que hacía tiempo que intentaban trabajar de nuevas formas, con nuevas estructuras, nuevos proyectos, que querían actualizar el centro pedagógicamente y generar cambios, pero sin encontrar respuestas para llevarlo a cabo. Estábamos empezando a crear nuestro *I have a dream*. Porque creamos aquello en lo que creemos.

Por consiguiente (más adelante en el capítulo sobre el relato de centro os lo detallo), creamos un relato de centro recogiendo todo aquello que tan bien se había hecho, que había llevado el nombre de la escuela a muchas familias y muchos alumnos, pero que también debía aprender de lo que no se había hecho suficientemente bien y había que recomponer y enmendar.

El segundo elemento (dos de tres) era que en ese momento a nivel personal vivía también un tránsito interesante. Mis tres hijos ese mismo año estaban todos en la misma escuela (por tanto, ya no tenía hijos en la guardería). Desde que nació mi hijo mayor, siempre había estado más o menos cerca de la escuela, porque reducía la jornada laboral para acompañarlos y eso me había permitido vincularme a la asociación de familias tanto en la guardería como en la escuela de primaria. Con mi cambio laboral, asumiendo la dirección de la escuela, dejé de tener reducción de jornada, ya no los podía llevar y recoger y por tanto tampoco podía participar activamente en la asociación de familias o reuniones de escuela.

Este nuevo escenario me hizo darme cuenta de que me perdía muchísimas cosas de la escuela, que no seguía ni la mitad de las informaciones y que la mayoría de las excursiones, demandas de la escuela, materiales que tenía que traer, actividades que habían hecho, etc., las seguía por el grupo informal de WhatsApp de familias. Ese hecho fue desencadenante porque sentirme desinformada como familia (que naturalmente quería estar al día, informada e implicarse en la educación de sus hijos) me hizo empatizar mucho con las familias de la escuela en la que yo era directora, y dejar de pensar que eran familias «quejosas» (tal y como se había etiquetado hasta el momento al conjunto de familias), para pasar a entender que eran familias con necesidad y voluntad de involucrarse en el mundo educativo de sus hijos e hijas, pero sin entender demasiado qué les pedían, qué podían hacer o qué esperábamos de ellas.

El tercer elemento (tres de tres) fue mi campo de estudio. Ese curso decidí continuar mi formación académica después de acabar el Máster en Planificación y Gestión Educativa, y empecé haciendo un Máster Universitario de Investigación en Educación que me permitiera aprender cómo acercarme a los datos, a las investigaciones y a las publicaciones y utilizarlos para tomar decisiones, para generar cambios e impacto sobre el mundo educativo. Mi ámbito de investigación fue «los procesos comunicativos en los centros educativos de primaria», y aquí fue donde fui poniendo en su lugar algunos elementos que hasta el momento no tenía identificados y que intuitivamente veía que tenían relación, pero no acababa de entender cuál y, sobre todo, cómo podía cambiar e impactar sobre esa realidad que necesitaba cambiar.

La suma de estos tres elementos, junto con muchas otras actuaciones, llevó a que en un solo curso tuviéramos una oferta de 50 plazas y una demanda de 50 plazas (recordad que veníamos de una oferta de 50 y una demanda de 20 como primera opción), y que en un curso más la demanda superara la oferta, contando con más de 60 familias que querían tener plaza en el centro.

Trabajar procesos de transformación de centro a partir de poner el foco en la comunicación generó grandes dinámicas de cambio, que empezaron a tener un impacto rápido en elementos que queríamos cambiar, entre ellos —y para mí el más importante— la confianza de las familias en el proyecto educativo del centro y en los profesionales que lo hacían realidad.

En este libro, por tanto, encontraréis un poco de base teórica de todo lo que os hablaré porque es lo que nos da la mirada del conocimiento y de la ciencia más allá de nuestras opiniones, pero también una mirada práctica fruto de mi experiencia, de lo que es posible hacer en los centros educativos (públicos o privados y concertados) y estrategias para hacerlo posible adaptándolo a vuestra realidad. Deseo que os sea útil y fácil de aplicar.

1. LA COMUNICACIÓN EN EDUCACIÓN

En el primer capítulo que vais a leer, y antes de entrar directamente en la cuestión que nos ocupa, pondremos en valor la importancia de la comunicación en educación.

¿Por qué comunicación y por qué «en educación»?

En el momento en el que hablamos de una actividad llevada únicamente a cabo por personas (como lo es la educación), podemos entender que la comunicación sea un hecho inherente en este proceso. No solamente es inherente en *toooodos* sus momentos, sino que es el canal a través del que se da absolutamente **todo** lo que pasa en un centro educativo. Los docentes dan sus clases comunicando, las familias llegan al centro a través de comunicaciones, las personas que forman la comunidad educativa se comunican en reuniones, en asambleas de familias o a través de aplicaciones, correos u otros soportes. Absolutamente todo lo que pasa en un día en un centro educativo es **comunicación.** Aquí entendemos pues que comunicar en educación sea un ejercicio diferente a comunicar cualquier otro servicio (restaurantes, peluquerías, incluso en el ámbito de salud, la comunicación ocupa un papel diferente del que lo hace en educación).

La educación es un servicio universal, lo que significa que en la mayoría de estados existe la obligación de garantizar que el servicio educativo esté disponible para todos los ciudadanos, independientemente de su ubicación geográfica, condición socioeconómica u otras circunstancias. Es un servicio considerado fundamental para el bienestar y la participación plena en la sociedad y en la mayoría de países tiene una parte pública, una parte concertada/*charter* (o pseudofinanciada) y una parte privada.

Naturalmente quienes forman parte de una institución educativa privada o concertada, la existencia y supervivencia de la cual depende del número de matriculaciones que tenga el centro, están altamente concienciados con la necesidad de comunicar, de ser vistos y reconocidos. El libro que tenéis a continuación es para ellos, sí. Pero es también (y sobre todo) para aquellos centros educativos públicos que aún no han vivido la necesidad, por tanto no han visto que hacer bien su trabajo a nivel pedagógico se les presupone de entrada, pero que además hay que contarlo, comunicarlo, hay que ser visibles y por tanto tienen que invertir tiempo en comunicación educativa de aquello que hacen tan bien. Debemos hacer que nos vean, nos conozcan, nos reconozcan y nos entiendan, vengamos del sistema educativo que sea.

¿Por qué? Porque queremos que confíen en nosotros, queremos ser elegidos, queremos que transformar la educación forme parte de un trabajo comunitario, ya que entendemos que «para educar a un niño hace falta toda una tribu», por tanto queremos generar pertenencia. En momentos en los que la natalidad es alta, no hay problema, aunque no nos escojan, tendremos «clientela» porque seremos necesarios. Pero ¿qué pasa en un escenario de baja natalidad/baja demanda? Sucede que quien puede escoger, lo hace.

En este libro intentaremos abarcar desde qué es comunicar y por qué es importante hacerlo en el mundo educativo, hasta estrategias de cómo trabajar la comunicación con nuestros equipos docentes, dónde poner el foco a nivel interno y externo y saber qué herramientas utilizar para hacerlo de forma efectiva y eficaz. Y sí, sirve también para aquellos docentes y equipos que están altamente concienciados de la necesidad de hacerlo, pero espero llegar sobre todo a aquellos que creen que la escuela no tiene que explicarse, ya que es un servicio universal, público y que no debe entrar en una lógica de mercado.

A estos últimos solo les digo una cosa: lo que no comunicamos nosotros, lo hacen otros por nosotros. Dicho de otra forma, si no lo hacéis vosotros mientras el resto sí lo está haciendo, lo que pasa es que no solamente no os ven, no os valoran, no os comprenden, y no os escogen, sino que además comparan. Por tanto **vuestra** escuela, vuestro lugar de trabajo y vuestro proyecto educativo (del cual no dudamos ni un segundo de su alta calidad) seguramente no sea el elegido por las familias en el momento en que pueden escoger. Por tanto, estaremos creando unos centros educativos de altísima calidad algunos de los cuales serán invisibles, y por tanto o las familias vienen a nosotros por convencimiento y voluntad propia (y esto lo veremos en uno de los capítulos donde hablamos de las familias, que son quienes deciden dónde escolarizar a sus hijos) o bien quedará relegada a aquellos que no puedan escoger escuela y seamos su única opción por proximidad o por disponibilidad de plazas.

 ## Aquí os propongo un ejercicio práctico

Entrad en algún buscador de internet y escribid «últimas noticias sobre educación»; de los resultados haced el siguiente ejercicio con los tres-cinco primeros:

TITULAR DE LA NOTICIA	¿QUÉ PUEDE PENSAR ALGUIEN NO VINCULADO AL MUNDO EDUCATIVO? UNA FAMILIA, UN ALUMNO…	¿QUÉ DATOS TENGO YO COMO «EXPERTO EN EDUCACIÓN» DE LO QUE COMENTA?	¿DESDE MI INSTITUCIÓN EDUCATIVA TENEMOS OPINIÓN SOBRE ESTO?	¿ANTE UNA NOTICIA COMO ESTA, COMO INSTITUCIÓN QUÉ COMUNICAMOS?

En el ejercicio os habréis dado cuenta como mínimo de dos cuestiones: la primera es que no todas las noticias que salen de educación tienen una carga «positiva» (de hecho la mayoría de ellas tienen carga negativa) y la segunda cuestión es que tendemos a dejar pasar oportunidades de posicionarnos como institución y contar qué pensamos o qué hacemos nosotros al respecto.

Lo que sucede es que estas noticias acaban conformando el día a día del concepto de lo que es la educación, de cómo funciona, para muchas personas que no están vinculadas con el ámbito educativo, es decir, crean un relato que si no contrastamos nosotros como expertos, va quedando en la mentalidad de la sociedad.

¿Realmente es esto lo que queremos? En las formaciones que doy a equipos directivos y docentes sobre comunicación educativa les digo: ¿queréis ser plato de menú o de carta?, ¿queréis ser elegidos o que os ocupen las plazas porque «no tenemos otra opción»?, ¿vuestro equipo conoce la diferencia entre ser un centro elegido y un centro no elegido?, ¿queremos que vengan familias convencidas de que nuestro proyecto es el mejor para sus hijos, o queremos tener que convencerles?

Aparte de estar fundamentado en datos, estudios y en la parte «teórica» y las referencias en la investigación en educación de la comunicación educativa, el libro cuenta también con propuestas de trabajo práctico además de ejemplos basados en mi experiencia, poniendo el foco comunicativo en los centros educativos y de cómo esto cambia realidades; como es el caso de un instituto público de una gran ciudad en el que a partir de elaborar un proyecto de comunicación y analizar cómo son percibidos, pasa de tener una oferta de 75 plazas vacantes para 1.º de ESO y una demanda de 15 solicitudes, a tener 78 solicitudes en solo un año, o de una escuela de pueblo que pasa de tener una oferta de 50 plazas en el primer curso de parvulario y una demanda de 20 solicitudes a tener una demanda de 80 el curso siguiente.

Además, el trabajo que proponemos se complementa con posibilidad de hacer formaciones presenciales o telemáticas con el equipo directivo del centro o bien con todo el equipo docente; por tanto, no hay excusa alguna para renunciar a hacer una buena estrategia de comunicación en nuestro centro y pasar a ser la primera opción elegida por las familias de nuestra zona, generando participación y confianza en nuestra comunidad.

1.1. ¿POR QUÉ HABLAMOS DE COMUNICACIÓN ESPECÍFICAMENTE DEL ÁMBITO EDUCATIVO?

La respuesta a esta pregunta es clara: hablamos de comunicación educativa porque es diferente a la comunicación en cualquier otro servicio, ámbito, negocio, entidad o empresa. ¿Por qué? Porque el servicio educativo se encuentra presente en todos los municipios, porque todo el mundo pasa por escuelas e institutos, porque da respuesta a múltiples necesidades sociales, porque todos somos fruto de nuestro paso por un servicio educativo (por tanto, tenemos vivencias, percepciones y opiniones), porque la educación sucede cada día y además está presente en múltiples conversaciones formales, informales, medios de comunicación y propuestas políticas y un largo etcétera. Podríamos seguir, pero la importancia de la comunicación específica del ámbito educativo es la de entender el servicio en su totalidad, para saber cómo contarlo. Y desde mi vivencia individual y mi intenso recorrido por el sector educativo, os puedo asegurar que no es tarea fácil comprender y dar respuesta desde las necesidades de familias, de administraciones, de alumnos, voluntades políticas, nuevas formas de entender la educación, diálogo con la formación universitaria y la educación no formal e informal, y un sinfín de factores que se interrelacionan con el mundo de la educación siendo causa o consecuencia de ello.

Hablamos de comunicación en el ámbito educativo porque, igual que en todos los servicios del mundo, todo aquello que no se comunica, no se conoce, no existe, no es visto ni valorado. Hablamos de comunicación en educación porque es un servicio que se da cada día, que implica a multitud de personas directa o indirectamente y que se tiene que entender para confiar, para compartir sus finalidades, objetivos, mensajes y propuestas. Y lo hacemos porque como servicio educativo en la mayoría de escuelas e institutos, no tenemos establecidos planes de comunicación propios, porque hay poca investigación al respecto y porque no tenemos (en la mayoría de las organizaciones escolares) personas que sean los responsables de comunicación. Por consiguiente, podemos decir que no solamente no tenemos suficiente conocimiento general que nos lleve a saber qué, cómo, cuándo y para qué comunicar, sino que además el valor de tener alguien en el equipo que sepa del tema tampoco se da en todos los centros educativos.

Aun así, la comunicación es de vital importancia en una institución educativa donde el servicio que se presta se da a personas (normalmente menores de edad) y que por tanto implica que quienes escogen el servicio, quienes lo pagan y quienes necesitan tener información del proceso no están habitualmente en el lugar donde se desarrolla tal servicio.

Quizá lo que os digo a continuación sé que a las personas vinculadas al mundo educativo les enfada, porque nos saca de la lógica de servicio público, pero daos un momento y pensadlo fríamente. En el servicio educativo se da una cosa que solo pasa en educación: quien elige el proyecto, el centro educativo, el «producto», no es quien lo usa. Dicho de otra forma, el cliente y el usuario son personas distintas. El cliente: quien escoge nuestro servicio es la familia, y el usuario (que además lo utiliza cada día y que normalmente es menor de edad, con lo que legalmente supone) es el alumno.

¿Qué nos pasa en el ámbito educativo? Que nos centramos en la organización pedagógica, en evaluar, en trabajar bien dentro del aula, en elegir las mejores propuestas materiales y organizativas... pero ¿cómo se conoce, cómo se vive y se interpreta lo que hacemos fuera? (por parte de nuestro cliente, que es quien nos ha elegido, quien quiere confiar en nosotros aquello que más ama, que es el futuro de su hijo o hija). ¿Sabemos si las familias comprenden lo que hacemos? Si no lo hacen, es difícil que confíen en nosotros, porque no se puede confiar en aquello que no se conoce o no se comprende.

Vamos a detenernos un momento y antes de seguir os propongo que os preguntéis: ¿en qué momentos comunicamos en nuestro centro educativo (para qué)?

1.
2.
3.
4.
5.
6.
7.
8.
9.
10.

De estos momentos que hemos apuntado, ¿creéis que se pueden agrupar en tres propósitos, en tres grupos por objetivos?
Comunicamos para:

1.
2.
3.

Seguramente no habéis tenido problema en identificar momentos en los que como equipo docente, como centro educativo o como docente en particular nos comunicamos. Lo hacemos todo el tiempo. Ahora bien, os propongo tres agrupaciones para situar cada uno de los momentos en los que comunicamos y vemos si lo hacemos mucho más en alguno de ellos que en otros:

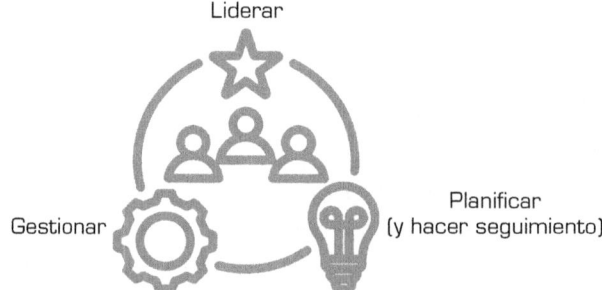

Liderar

Gestionar

Planificar
(y hacer seguimiento)

Ahora intentad clasificar las comunicaciones que habéis mencionado en el primer apartado en estos tres grupos.
¿El resultado? Estoy segura de que en la mayoría de los casos habéis mencionado elementos relacionados con la gestión del día a día: retrasos, correos, comunicados, notificaciones, notas en la agenda, momentos de aula, información sobre eventos próximos...

> ¿Sobre liderazgo habéis introducido alguna comunicación? ¿En vuestro primer listado de 10 elementos, tenéis alguno de ellos que implique liderar un proyecto educativo, por ejemplo explicando nuevas propuestas pedagógicas, haciendo reuniones en las que como equipo directivo, coordinador, docente lideráis algún tema de debate, etc.? Estoy segura de que la respuesta mayoritaria es que no, tendemos a no liderar la comunicación y dejar que pase sola (no es que no lo hagamos, es que no está en nuestra lista de prioridades), por tanto aquello que es nuestro ADN, nuestro proyecto educativo, se va comunicando de forma azarosa y sin liderazgo.
>
> ¿Y sobre planificación? Todas aquellas reuniones, documentos internos de recogida de información de trabajo en equipo… todo esto también es comunicación. ¿Lo habéis incluido en vuestra lista?

Hace unos siete años, en el momento que empecé mi investigación en el ámbito de la comunicación educativa, a partir de mi trabajo de tesis, la literatura referida propiamente al ámbito de la comunicación en educación era escasa, prácticamente nula; por suerte esta tendencia está cambiando aunque se trabaja mucho a nivel de marca, *branding*, marketing, publicidad, etc., y no tanto en el ámbito del potencial de transformación que tiene para las instituciones educativas pensar cómo nos perciben, qué comunicamos y cómo lo hacemos. Hacer pedagogía de nuestro trabajo es imprescindible. Un ejemplo del ámbito médico: ¿os habéis dado cuenta de la pedagogía que se hizo del COVID-19 y de la pandemia?: medios de contagio, protección, distancia, uso de mascarillas… Desde el ámbito médico se hizo una intensa campaña de pedagogía de lo que sucedía y lo que se tenía que hacer. Justamente a esto me refiero, a dar argumentos, opiniones, a utilizar datos y poner ciencia y evidencia en aquello que hacemos.

Esto hace que la capacidad transformadora de la comunicación en una institución educativa muchas veces quede relegada solamente a si tenemos una página web o un logo representativo, cuando el valor en sí mismo es trabajar desde identificar y dar valor a quiénes somos, cómo nos organizamos y nos comunicamos a nivel interno, para poder dar a conocer todo nuestro valor a nivel externo y crear lo que es más importante en el mundo educativo: sentimiento de pertenencia y confianza. Estos dos conceptos: la **pertenencia** y la **confianza,** van a salir repetidas veces a lo largo del libro. Recordad que las familias nos confían aquello que más aman y nos dejan una gran parte de sus expectativas académicas de futuro a nosotros. Por ende, necesitan conocer, entender y tener información ordenada, veraz y coherente sobre aquello que hacemos. Necesitan confiar y saber que su hijo o hija está en el mejor lugar que puede estar. Y además necesitan pertenecer, necesitan sentir que somos un equipo, que trabajamos con ellos (no solo para ellos), quieren sentir que son parte importante en nuestro proyecto y que el «yo soy» y el «nosotros somos» les incluye también como familias.

La disciplina que puede acercarse a la comunicación en educación es el marketing de servicios, pero aun así estamos en un momento muy inicial de tener evidencia científica, documentación, estrategias de comunicación e indicaciones claras de qué, quién, cómo, cuándo, qué y para qué comunicamos desde los centros educativos. Además, cabe apuntar que la cultura organizativa de una escuela o instituto es distinta a la de cualquier otro servicio. En el mundo educativo los cambios los hacen las personas, los proyectos, los resultados académicos y todo lo que pasa en un centro educativo (y creedme que en un solo día pasan muchísimas cosas) lo hacen las personas que forman parte en aquel momento y en aquel lugar de la institución; por tanto, de nada nos va a servir un proyecto enmarcado y perfectamente estructurado, si las personas que forman parte de aquella comunidad educativa no lo sienten suyo, no entienden el valor de hacerlo de una determinada forma o simplemente no saben hacerlo como se propone.

Si pensamos en cualquier otro servicio que utilicemos (dentistas, transportes, restaurantes, peluquería...), veremos que una de las características que reúne es que normalmente en el momento que elijo un servicio soy cliente y usuario al mismo tiempo (es decir yo escojo-yo utilizo), además hay pocos servicios que utilicemos a diario. En el caso de la educación, como hemos apuntado anteriormente el cliente y el usuario son personas distintas y además el servicio es diariamente utilizado (y cabe añadir que con una alta demanda y presión por cumplir con los objetivos y expectativas por parte del cliente, además de hacerlo también para cumplir los estándares de calidad de cada organización, departamento de educación, ministerio, etc.). En consecuencia, corroboramos así que el servicio educativo requiere de estudios y de datos propios, ya que no puede ser equiparado y comparado con el resto de servicios por su propia naturaleza.

En las últimas décadas la educación ha entrado en la mayoría de países, en una lógica de funcionamiento de cuasimercado. Esto se traduce en identificar el sistema educativo como un servicio para todo el mundo (un servicio universal, plasmado en el derecho a la educación reconocido por muchos estados y sobre todo por la ONU en 1948), pero ofrecido por parte de diferentes proveedores (públicos, privados o semiprivados).

Si más allá de lo que nos pueda parecer personalmente, damos un vistazo a los datos, encontramos diferentes argumentos en distintos autores.

Según Alegre et al. (2012), los defensores de los avances del cuasimercado insisten en atribuir toda una serie de efectos beneficiosos (en términos de eficiencia, eficacia e, incluso, equidad en el sistema) a sus distintos derroteros: financiación pública de escuelas privadas (Dronkers y Robert, 2008), participación de capital privado en escuelas públicas o programas de cheque escolar (Clowes, 2008), promoción de la autonomía y la diversificación escolar (Wömann et al., 2007) o flexibilización del criterio zonal en la asignación de centro escolar (Gorard et al., 2003).

Opuestos a estos planteamientos, autores como Gillborn y Youdell (2000), en su libro *Rationing education,* argumentan que las políticas de mercado y la presión por los resultados pueden llevar a prácticas discriminatorias y a una mayor estratificación dentro del sistema educativo. Otro autor como Ball (1993, 2003) ha sido crítico con las políticas de mercado en la educación, argumentando que pueden aumentar la desigualdad social y llevar a una mayor segregación escolar.

En general, estos y otros autores contrarios han advertido sobre los peligros inherentes a buena parte de los avances del cuasimercado en sus dos niveles básicos de desarrollo: liberalización de la demanda (libertad de elección escolar) y liberalización de la oferta (libertad y autonomía para diferenciarse).

Sea como sea, estemos o no a favor de la lógica de cuasimercado en educación, lo cierto es que es una realidad cada vez más presente, por el hecho de tener más oferta de formación en un mismo lugar, el entrar en un proceso de comunicación necesario para la captación de clientes/usuarios y sobre todo condicionada por el crecimiento o decrecimiento de la población. En el momento en que tenemos más oferta que demanda (más escuelas que alumnos) nace la necesidad de diferenciar un centro educativo de otro. Sea público o privado, el hecho de perder alumnos implica muchas veces perder grupos y profesores: por tanto, la desigualdad entre oferta y demanda implica pérdida en cualquier caso. A partir de aquí las escuelas infantiles, de primaria o secundaria, en su mayoría defienden aquello en lo que trabajan, comunicando su propuesta de valor con la finalidad de diferenciarla del resto.

En este contexto es donde nos encontramos actualmente. Un decrecimiento de la natalidad, nuevos perfiles de familias, nuevas formas de adquirir servicios, de comunicarnos y de obtener información, nos deben llevar a conocer qué opciones serán válidas y cuáles no a la hora de decidir mantener abierta una escuela u otra. Naturalmente cualquier gobierno tiene establecido cuánto cuesta una plaza educativa (pública o concertada; la privada sabe perfectamente cuántos alumnos debe tener para poder mantener el servicio en funcionamiento). En el momento en que tenemos más escuelas que alumnos, es la administración competente en el tema quien toma la decisión, es decir, hay que optar políticamente por qué decisiones tomar con base en datos de natalidad, propuestas municipales (hay más escuelas alrededor o no) y sobre todo con base en qué respuesta social está dando la educación de un centro u otro.

Tengamos claro que en muchos contextos, en el momento en que sea necesario decidir, el criterio no va a ser si el proyecto educativo es maravilloso o no lo es, muchas veces el criterio que prevalecerá será el de la demanda social de uno u otro proyecto. Cabe decir que aquí cada territorio organiza la planificación educativa según sus propios criterios, y que en muchos lugares encontramos escuelas rurales con muy pocos alumnos, que no cierran por el hecho de que la escuela mantiene vivo el pueblo. Pero a grandes rasgos y en lugares con más de una propuesta educativa, plantearnos la pregunta de ¿qué pasará en el momento que baje la natalidad y sobren plazas educativas? nos dará pistas de la importancia de la comunicación para que se entienda lo que hacemos, cómo lo hacemos, para qué lo hacemos y qué resultados obtenemos.

Las familias (como veremos más adelante, ya que hemos dedicado un capítulo a hablar de su rol en el proceso de escolarización) y las nuevas formas de consumir servicios (música, restauración, cine, etc.) también han tenido un peso importante en el valor de la libertad individual de elección de centro, ya que han situado el valor del servicio «escuela» al mismo nivel que otros, ejerciendo demandas propias de servicios no educativos (como la atención continua y bidireccional, el derecho a la información, la participación, la transparencia, entre otros), cosa que ha movilizado los diferentes sistemas educativos a buscar respuestas para atender estas nuevas necesidades y demandas.

Pongamos por ejemplo el servicio de telefonía, de banca, de agua o luz que tenemos contratado. ¿Entenderíamos que no nos atendiera las 24 horas del día, todos los días de la semana ante una urgencia? Naturalmente el servicio educativo no puede funcionar de forma similar, pero la estructura mental actual de la sociedad es: necesito algo, lo encuentro/lo obtengo/, sé cómo llegar a él. El mundo de la educación funciona con otros horarios, con otros *tempos,* y personalmente creo que debe ser así, pero la información que pueden necesitar las familias de forma «urgente» debe estar disponible, deben saber cómo encontrarla o llegar a ella y, si no, cómo pedirla. ¿Qué nos pasa y qué recurso utilizamos cuando no tenemos canales claros y compartidos de comunicación? ¡Efectivamente! El grupo de WhatsApp de familias, con 50 usuarios que reciben el mensaje en momentos diferentes (trabajando, paseando, practicando deporte, cocinando...) y que además contestan desde su propia experiencia, sobre aquello que saben (o no saben) del mundo educativo y desde su opinión personal... pero lo hacen en un grupo donde tienen en común ¿qué?, en efecto: la escuela de sus hijos. Esto les hace «pertenecer», por tanto darse argumentos y mensajes sobre aquello que saben y también sobre lo que no saben. Y los que trabajamos en el ámbito de la educación y que además formamos parte de los grupos de WhatsApp de familias sabemos cómo de peligrosos pueden llegar a ser estos grupos, y las consecuencias que pueden acarrear comentarios, preguntas o conversaciones en ellos.

Hablamos de lógica de mercado pero está claro que el servicio educativo no se compra y se vende, no se empaqueta y se manda por correo (excepto en educación a distancia o nuevas formas de formación estructurada). La educación se define como un servicio que se «fabrica» *in situ,* que no se exporta, por tanto que es heterogéneo e imprevisible y que su calidad depende mayoritariamente de la persona que la produce, el momento del día en que lo hace y el contexto en el que lo hace. Antes de la Revolución Industrial, la creación de bienes físicos (cestas, bicicletas, ropa...) era también artesanal, cosa que hacía que los estándares de calidad fuesen diferentes en cada caso dependiendo de quién fue la persona que fabricaba. Como vemos cada vez más, aquello que empezó en el taylorismo, que fue el diseño de procesos en la industria que permitió el crecimiento pero también la estandarización, comienza a hacerse en el sector de servicios, ya que, si no lo hacemos, dejamos el servicio en sí mismo solo en manos de las personas que lo desarrollan.

1.2. CARACTERÍSTICAS QUE DEFINEN UN SERVICIO (EDUCATIVO)

Nos referimos a servicio cuando aquello que adquirimos no es tangible, un objeto, un producto físico.

En el momento que compramos un coche o unos zapatos, los tocamos, los probamos, notamos sus calidades, los evaluamos y si nos gustan, los adquirimos.

Antes de empezar con el capítulo, os pido una pequeña reflexión sobre el consumo de servicios. Marcad tres servicios que consumís de forma habitual o que habéis consumido más de una vez y haceros las siguientes preguntas:

	¿POR QUÉ UTILIZÁIS EL SERVICIO?	¿CÓMO HABÉIS LLEGADO A CONOCERLO?	¿CON QUÉ FRECUENCIA LO UTILIZÁIS?
Servicio 1:			
Servicio 2:			
Servicio 3:			

¿Qué tres características creéis que diferencian alguno de estos servicios de un consumo material?

1.

2.

3.

Con los servicios no se da el mismo proceso. El servicio hace que su valoración solo sea posible si no se utiliza. No sabemos si en un restaurante se come bien hasta que comemos, no sabemos si un dentista realiza un buen servicio o si nos funciona bien una compañía de telefonía si no utilizamos antes el servicio. En los últimos tiempos, y con la aparición de las redes sociales, podemos generar opinión antes de utilizar el servicio porque leemos sobre este, sobre si se ha cumplido lo que se ha prometido, pero en ningún caso sabremos el sabor de la comida de un restaurante si no la comemos directamente.

En la educación pasa exactamente lo mismo, podemos hablar de escuelas, podemos leer referencias, podemos visitar sus espacios, pero hasta que no seamos parte de una comunidad educativa, no sabremos si el servicio que se presta es lo que esperábamos o no.

En el momento que hablamos de educación presencial en infantil, primaria o secundaria, el servicio educativo se define por ser:

⇨ **Intangible:** no se puede ver, tocar o sentir antes de utilizarlo. En este supuesto, la educación se centra únicamente en la comunicación de beneficios y la creación de experiencias que transmitan valor a las familias para escoger un centro u otro.

⇨ **Inseparable:** el servicio se produce en el mismo lugar donde se consume, es inseparable por el hecho de que se da en simultáneo. La educación se da en el momento en el que el profesor está impartiendo la clase que el alumno está «consumiendo». Esto significa que el usuario del servicio participa en el proceso de creación de este. Por tanto, debemos garantizar la creación de experiencias al mismo tiempo que tenemos que comunicarlas porque en el caso de los servicios educativos, el cliente y el usuario normalmente son personas distintas. Hagamos hincapié en este hecho, ya que es propio únicamente del mundo educativo, y no solamente encontramos que el cliente (quien escoge el servicio) no está presente en el momento de utilizarlo, sino que el usuario normalmente es menor de edad, se encuentra tutelado y sin la presencia de quien ha elegido el uso del servicio. Además, cabe añadir que no es un servicio como el sanitario o un servicio de comida que se puede usar de forma puntual; el servicio educativo se da cada día de forma continuada y además por norma el cliente tiene una experiencia previa a nivel educativo de haber sido usuario de un servicio.

La heterogeneidad genera el desafío de ofrecer servicios coherentes y consistentes independientemente de quién y cuándo lo haga.

⇨ **Variable:** los servicios cambian y varían en función de las habilidades de quien presta el servicio, depende de las condiciones del contexto y de factores altamente variables.

En el mundo educativo la estandarización y el control de calidad son los elementos clave para ofrecer experiencias consistentes, coherentes y de una alta calidad en todos sus niveles.

⇨ **Perecedero:** los servicios se caracterizan por no poder ser almacenados ni revendidos. En educación esto ha cambiado en cursos *online,* de autocorrección y de autoformación, pero hablando de educación infantil, primaria o secundaria, el tiempo es un factor clave que nos lleva a hablar de una necesaria gestión eficiente de la capacidad y la demanda para maximizar la utilización del recurso.

⇨ **Heterogéneo:** debido a que el servicio depende de la calidad de la persona que lo desempeña y a la variabilidad inherente en la prestación de dicho servicio, cada interacción de servicio es única. Comprender las necesidades individuales y adaptar el servicio para satisfacer las necesidades de forma personalizada son la clave del éxito.

⇨ **Alta participación del cliente:** en el servicio educativo el cliente (familia) y el usuario (alumno) desempeñan un papel activo en la producción y entrega de este. Si logramos involucrar a las familias en el proceso, fomentaremos la cocreación de valor y el sentimiento de pertenencia a la institución educativa.

Algunos autores como Shostack (2007) añaden otra característica a la definición de servicios: la ausencia de propiedad, es decir, el alumno ejerce su derecho de recibir educación y al mismo tiempo cumple con su obligación de instruirse.

Manes (2008) añade el principio de valoración subjetiva del servicio, cosa que implica un equilibrio delicado e intersubjetivo en la valoración del servicio educativo, generando la dificultad de obtener consenso entre alumnos, familias, claustro y equipo directivo.

En este escenario se nos presentan retos tan importantes como los siguientes:

⇨ ¿Cómo podemos garantizar la coherencia del servicio educativo si el servicio depende de las personas?

⇨ ¿Cómo «automatizamos» la comunicación para evitar que esta dependa de quien comunica? (si la maestra de mi hijo me cuenta muchas cosas, conozco el centro educativo, me implico mucho, si no lo hace, no sigo ninguna de las actividades que hacen en la escuela).

⇨ ¿Qué papel tienen las familias en la comunicación con los equipos educativos de los centros?

⇨ ¿Qué decisiones llevan a mantener o cerrar una escuela/instituto en un momento en que sobran plazas educativas?

Antes de entrar más en detalle sobre qué es comunicar en educación propiamente, un último apunte relacionado con el servicio. Dejadme que coja los conceptos desarrollados por Fernández y Bajac (2012) que apuntan que hoy en día los servicios deben tener en cuenta los siguientes elementos, y haced su adaptación al mundo educativo:

⇨ **Tiempo:** la sociedad demanda servicios que le ahorren tiempo y que atiendan a la falta de este por parte de las familias; cada vez trabajamos más horas, las mujeres (que se ocupan de la crianza) normalmente trabajan y por tanto se necesita ahorrar tiempo.

¿Dónde nos lleva esto? Pues a tomar decisiones como por ejemplo facilitar las reuniones virtuales, tener un espacio de comunicación asíncrono donde las familias puedan obtener información de su hijo o hija sin estar vinculados a un horario...

⇨ **Tecnificación:** la tecnología de la información y la comunicación nos permite informatizar y automatizar las informaciones que deben llegar a nuestros clientes y personalizar la producción de servicios.

En este caso, en el ámbito educativo han aparecido muchas aplicaciones que permiten una comunicación directa con el centro, pero también posibilitan disponer de espacios de información actualizada sobre seguimiento y evaluación del alumnado, trabajos que se llevan a cabo, etc. Recientemente, con el crecimiento de la inteligencia artificial (IA), estas aplicaciones tienen aún más elementos de tecnificación que permiten que profesionales de la educación y familias compartan información de forma rápida y veraz.

⇨ **Relación:** es más fácil contentar a nuestro cliente actual que conseguir nuevos clientes. La percepción de calidad de nuestro servicio viene por elementos objetivos, pero también, y sobre todo, a partir de las relaciones que establecemos en él. De nuestra percepción de pertenecer, de sentirnos acogidos y de creer que formamos parte de un proyecto común.

En educación esto se traduce en un dato que más adelante abordaremos con más detalle, que es el hecho de que cuatro de cada cinco familias vienen a nuestro centro educativo porque otra familia se lo ha recomendado, han hablado de nosotros o han recibido buen *feedback* por parte de personas que ya están en nuestro centro (alumnos y profesores).

Pero sirve también para los equipos docentes. Los profesores de nuestro equipo necesitan sentir que pertenecen al proyecto, entenderlo, darle soporte, poder apreciar que forman parte del reto de mejorarlo día a día, y que es su proyecto educativo, del cual ellos son una pieza clave.

Además, las familias que forman parte de una escuela normalmente son altamente fieles al servicio educativo y permanecen en él durante toda la escolaridad de su hijo o hija (que puede representar entre nueve años —infantil y primaria— hasta 13 con secundaria o 15 con educación superior posobligatoria).

⇨ **Expectativas sobre el servicio:** generalmente como usuarios cuando consumimos música, televisión, servicios..., lo queremos rápido, ahora y con calidad. Tenemos altas expectativas como consumidores y poca tolerancia cuando el servicio no es adecuado (pongamos por ejemplo que tenemos contratada una plataforma de televisión que, al conectarnos para ver nuestra película el viernes por la noche, nos da errores constantes o tarda en cargarse, podéis imaginar cuál es la reacción, ¿verdad?).

Llevemos esto al ámbito de la educación. Si hablamos de servicios que ahorren tiempo a las familias, si sabemos que sobre la educación tenemos altas expectativas de éxito para nuestros hijos y que además tenemos familias con dificultades de conciliación laboral, deberíamos ser capaces de tomar decisiones para dar respuesta a la situación. ¿Cuáles? Facilitar atención telefónica o a distancia, horarios extensos (dando más importancia a los servicios extraescolares), conseguir aplicaciones que nos faciliten la comunicación con las familias, que puedan hacer el seguimiento académico de sus hijos antes de cada final de trimestre, cuando nos llegan las notas y ya poca cosa podemos hacer para cambiar algo...

Las nuevas formas de comunicación, internet, la inteligencia artificial y las redes sociales están afectando a las 4P del marketing de servicios (en inglés *product, placement, price, position*), añadiendo una 5.ª P, que es la de personas. ¿Por qué? Porque la importancia de dar respuesta se encuentra en todos los elementos del proceso que hemos comentado: qué servicio ofrecemos, dónde, a qué precio y cómo nos posicionamos, pero sobre todo se trata de personas atendiendo a personas. Por eso, tener en cuenta el factor humano en todos estos ámbitos será la clave que nos llevará a entender qué necesita ser comunicado, a quién, cómo, cuándo y por qué.

Antes de terminar este apartado, os propongo una *checklist* que os ayudará a ver cómo un servicio educativo debe detenerse y hacer hincapié en su forma de comunicar, ya que si no lo hacemos, el día a día provoca que las comunicaciones nos vengan de fuera, es decir, que no lideremos las comunicaciones, el relato de nuestro centro y que, por tanto, sea difícil (por sus propias características) conocer qué y cómo lo hacemos:

CARACTERÍSTICA DEL SERVICIO EDUCATIVO	¿LO TENEMOS IDENTIFICADO Y LO COMUNICAMOS?	¿CÓMO Y CUÁNDO?
Intangible		
Inseparable		
Variable		
Perecedero		
Heterogéneo		
Alta participación del cliente/usuario		
Ahorro de tiempo		
Tecnificación		
Vínculo		

1.3. ¿POR QUÉ HABLAMOS DEL «MARKETING EDUCATIVO»?

El marketing educativo a lo largo del tiempo ha irrumpido en el área educativa con dificultad; a pesar de ser necesario para dar a conocer la propuesta de valor de las instituciones educativas privadas, ha sido relegado; existe un pensamiento erróneo sobre el término *marketing* interpretado como un método engañoso que busca el beneficio lucrativo de las instituciones, perdiendo la idea principal de la educación y convirtiéndola en otro tipo de empresa comercial (Gordillo et al., 2020).

Se entiende que el marketing es un proceso social y administrativo mediante el cual grupos e individuos obtienen lo que necesitan y desean a través de generar, ofrecer e intercambiar productos de valor con sus semejantes. Esta premisa anula por completo la veracidad de la teoría postulada anteriormente (Casanoves y Küster, 2017).

Existen importantes aportaciones que se han desarrollado en diferentes momentos de la historia; los orígenes de esta ciencia van desde la antigua Grecia hasta la actualidad. Con la aparición de la globalización,

Casanoves y Küster (2017) señalan que en la década de los 80 la educación se encontró con un momento crucial de la historia: las tendencias privatizadoras de los neoliberales; por tanto, los gobiernos redujeron de manera abismal el presupuesto que se destinaba a la educación y con ello las reformas educativas permitieron que la educación privada apareciera; así es como surgen en Latinoamérica muchas universidades privadas que siguen en funcionamiento hasta nuestros días. Luego, en los años 90 la repercusión que provocó la aparición del internet fue un hecho trascendental para que las universidades modificara sus esfuerzos para preparar profesionales con mayor competencia y de carácter global. Casanoves y Küster (2017) mencionan que la evidencia más próxima del marketing educativo en esta época se centra en elementos que se relacionaban con el equipamiento técnico, tecnológico y las instalaciones de los centros educativos.

En la década de 2000, Pulido y Olivera (2019) señalan que el marketing educativo se enfoca con mayor insistencia al prestigio profesional de los docentes que preparaban a los estudiantes, las redes sociales, las relaciones públicas, el marketing digital y sobre todo la vinculación de la comunidad educativa con el mundo empresarial. En esta época es necesario reconocer varios aspectos como las incubadoras de negocios, el intercambio extranjero de estudiantes y los congresos internacionales. Además, las universidades se comenzaron a preocupar por causas ambientales, uniéndose de forma directa con el escenario climático que surgía a partir del calentamiento global. Se pone el énfasis en una consideración particular de Brown y Oplatka (2006), que señalan que la literatura disponible en el marketing educativo es incipiente, a veces incoherente y falta de modelos teóricos que reflejen de forma explícita la naturaleza de los servicios en la educación superior. Ambos autores muestran dos razones justificativas de la aplicación primitiva del marketing en las instituciones universitarias: el incremento de la competencia y la disminución del apoyo financiero que proviene del gobierno.

Por consiguiente, Salas (2017) menciona que, en la actualidad, las instituciones educativas creen que la publicidad es siempre un sinónimo de marketing y por ello no dirigen de forma eficiente y adecuada sus acciones dentro de esta área, lo cual ha hecho que los centros educativos desaparezcan con el tiempo. Sin embargo, Küster (2012) manifiesta que las teorías y conceptos de marketing pueden ser puestos en práctica dentro del ámbito educativo, específicamente en la educación superior. Con referencia a lo tratado anteriormente, se resumen los hechos relevantes del surgimiento del marketing educativo y los aportes dados por cada época.

Vemos que a pesar de ser un concepto que choca moralmente con el mundo educativo (a muchos docentes el concepto «marketing» les chirría relacionado con educación), y por tanto que no es algo que se relacione directamente con la educación, cierto es que en la descripción de «marketing de servicios» encontramos características de los servicios que se pueden adaptar al contexto educativo para dar respuestas a la hora de trabajar en el incremento de matriculación de alumnos, en la mejora de la fidelización de alumnos, familias y de profesionales o en la captación y retención del talento.

1.4. ¿QUÉ ES COMUNICAR EN EDUCACIÓN?

Antes de preguntarnos qué es comunicar en educación, debemos compartir qué entendemos por «comunicar» antes de plantear un sistema de comunicación, una estrategia o un documento específico para centros escolares.

La primera premisa y muy importante es que **comunicar no es informar,** es decir, **informar no es comunicar.** Dar información, tener página web, mandar correos electrónicos o mandar circulares NO ES COMUNICAR. Tampoco lo es poseer muchos documentos y tener almacenados miles de acuerdos, actas, proyectos o procedimientos.

En las formaciones que doy para equipos docentes y comunidades educativas, muchos docentes y familias apuntan que tienen un exceso de información de muchos aspectos de las escuelas o institutos, pero su percepción igualmente es que el centro educativo no se comunica bien. Las escuelas informan de actos, fiestas, pagos, excursiones, piojos, reuniones, propuestas de formación para familias y un sinfín de actos más.

Pero ¿cómo puede ser posible que los equipos docentes inviertan horas y horas en comunicar, trabajar conjuntamente y explicar sus proyectos y al mismo tiempo las familias y nuestros propios equipos docentes nos digan que no se sienten informados de cómo se trabaja en nuestra escuela o instituto?

Para dar respuesta a esta y muchas otras cuestiones debemos apuntar a múltiples factores que iremos desarrollando y detallando durante cada capítulo. Pero es absolutamente necesario que sentemos las bases de qué es comunicar y qué no lo es.

«**Comunicar** es el acto de transmitir información, ideas, pensamientos o sentimientos de una persona o grupo a otra persona o grupo. La comunicación puede tener lugar de diversas formas, incluyendo el habla, la escritura, gestos, expresiones faciales, lenguaje corporal, imágenes, sonidos, entre otros medios. El propósito de la comunicación es compartir y entender mensajes entre los participantes en el proceso de comunicación. Es fundamental en todas las interacciones humanas y es clave en ámbitos como las relaciones interpersonales, el trabajo en equipo, la educación, la publicidad, entre otros.»

Desde mi punto de vista, la clave de la definición son las palabras «compartir» y «entender».

Cuando nosotros estudiábamos qué era comunicar nos dijeron que el acto comunicativo se daba en el momento en que teníamos a un emisor y un receptor, que compartían código y canal, para hacer llegar un mensaje; seguro que recordáis el esquema de vuestros libros de texto y probablemente se parecía a este:

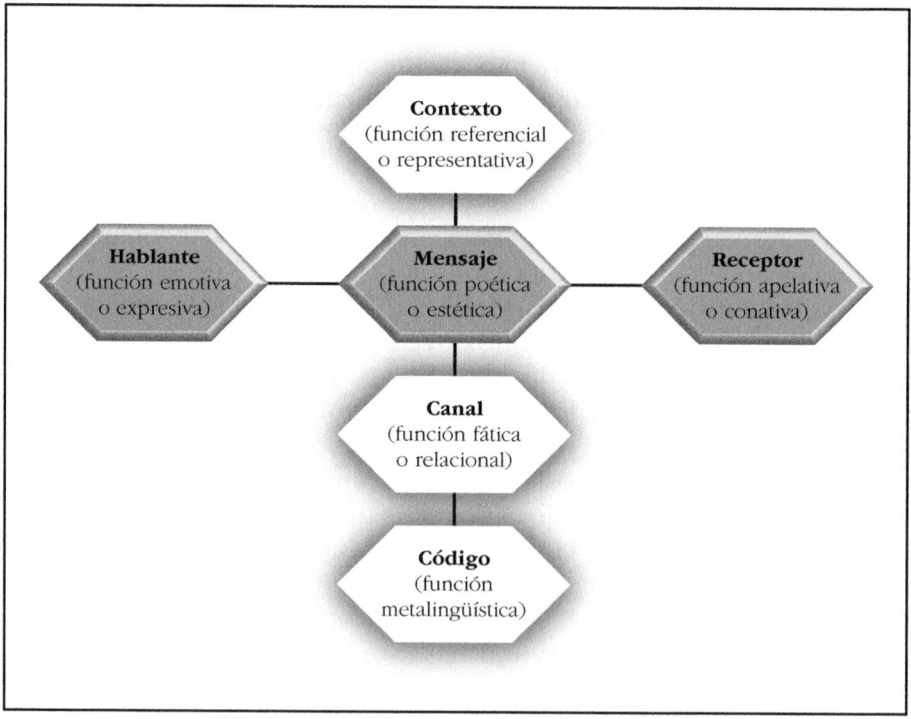

Figura 1.1. *Esquema de comunicación de Roman Jakobson.*

Actualmente la emisión y la recepción de mensajes se dispersa en el tiempo y en los canales. En nuestro esquema convencional ¿dónde queda el «retuitear», el dar a *like,* las capturas de pantalla mandadas a terceros, los comentarios en blogs o en webs y todo aquello que se da de forma asíncrona en el tiempo o con interlocutores a quienes ni siquiera les llega un mensaje que no esperaban, o a receptores a quienes no conocemos y que acceden a nuestro mensaje de forma inesperada? ¿Dónde quedan las emociones, las percepciones, los prejuicios o ideas previas sobre aquello que se comunica?

Desde mi trayectoria por centros educativos, sobre todo en momentos de estar impartiendo formaciones, conociendo diferentes realidades y con la incorporación de nuevas formas de comunicarnos, mi esquema o mi imagen sobre la comunicación de un centro educativo sería así:

Todo el mundo comunicándose con el resto, a través de llamadas, mensajes, grupos de WhatsApp, algoritmos que priorizan una información u otra, noticias, rumores, *fake news,* opiniones, imágenes intencionadamente recortadas, opiniones formadas por otras opiniones, opiniones y juicios sesgados... y un largo etcétera que condiciona qué se dice de nosotros como institución educativa. Y el parque próximo a la escuela... ¡el lugar donde «de verdad» se habla de la escuela!

1.5. FACTORES CLAVE EN LA COMUNICACIÓN

En el momento que queremos describir «comunicación» debemos conocer algunos de los factores clave a tener en cuenta cuando hablamos específicamente sobre la comunicación educativa: la intencionalidad, la emoción, el sentimiento de pertenecer y la veracidad y objetividad de la información y que esta nos llegue en tiempo y forma. A continuación, describimos cada uno de los aspectos en detalle.

1.5.1. La intencionalidad

La comunicación en educación siempre tiene un propósito y este debe ser compartido. ¿Para qué nos comunicamos? ¿Cuál es nuestra finalidad?

La intencionalidad de la comunicación se refiere al propósito o motivo que subyace en el acto de comunicar. Es la razón por la cual una persona o un grupo elige transmitir un mensaje específico a otra persona o grupo. La intencionalidad puede variar ampliamente dependiendo del contexto y de los participantes involucrados en el proceso de comunicación.

Podemos tener una o varias intenciones en el momento en que comunicamos en el ámbito educativo:

- ➪ Informar: de hechos, actos, noticias, eventos...
- ➪ Persuadir: influenciar en las creencias, opiniones o comportamientos de los receptores con el fin de lograr un cambio o una acción específica.
- ➪ Entretener: proporcionar entretenimiento, diversión o placer a los receptores a través de la comunicación de historias, chistes, música, etc.
- ➪ Expresar emociones: comunicar sentimientos, emociones o estados de ánimo para establecer conexiones emocionales con otros.
- ➪ Enseñar: facilitar el aprendizaje y la comprensión de conceptos, habilidades o conocimientos.
- ➪ Aclarar malentendidos, resolver conflictos o proporcionar información adicional para mejorar la comprensión mutua.

La intencionalidad puede ser consciente (quizás lo hemos compartido como base estratégica) o inconsciente, y a menudo se ve influenciada por factores como el contexto cultural, las relaciones interpersonales y los objetivos individuales o grupales, nuestra experiencias previas o el conocimiento específico del tema que estamos tratando. Es importante tener en cuenta la intencionalidad que hay detrás de la comunicación para comprender completamente su significado y efecto.

Claro está que quien se relaciona en el seno (o con) una institución educativa tiene un propósito, un objetivo claro. Pero ¿ambas partes reconocen el objetivo de los otros?

En el caso de centros educativos: el objetivo de las familias en cuanto a recibir información es en un primer momento decidir si quieren o no utilizar aquel servicio educativo, más adelante van a querer información sobre cómo se está desarrollando el servicio, cómo pueden participar o resolver dudas relacionadas con el futuro académico o personal.

Para esta finalidad de captación muchas organizaciones educativas utilizan sus páginas web o redes sociales para promocionar sus servicios. También se pueden llevar a cabo jornadas de puertas abiertas o visitas presenciales para poder conocer el proyecto educativo, los equipamientos, la metodología de trabajo u otros aspectos relevantes para las familias.

En otro punto hablaremos sobre estrategias, canales y herramientas para comunicar de forma efectiva y eficiente, y sobre qué funcionalidad dar a cada herramienta disponible actualmente, como aplicaciones o redes sociales.

Por consiguiente, ¿podemos elegir si comunicar o no en educación?

La respuesta es claramente **no.** En educación siempre comunicamos, incluso en el momento en que no decimos nada, es decir, la no comunicación también comunica.

En las comunidades educativas, donde incluimos familias, docentes, alumnos, administración local y gubernamental, donde todos los implicados hablan, leen, tuitean, escriben, tienen un dispositivo móvil, usan aplicaciones con redes sociales, etc. Es imposible no comunicarnos porque convivimos en un espacio altamente permeable al contexto en el que se desarrolla. Debemos ser conscientes de que la información disponible es mucho más extensa de lo que podamos imaginar, por tanto no comunicar implica que se acceda a información que desconocemos y que esta genere opiniones, posicionamientos, pensamientos en relación con hechos sucedidos, tendencias o teorías educativas.

El proceso de comunicación debe entenderse y vivirse como una fuente constante de aprendizaje dentro de la propia organización, ya que comunicar implica **emoción** y **participación,** por tanto estar abiertos a recibir *feedback,* a que nos digan que no nos entienden o que no entienden qué hacemos o cómo nos organizamos y que esto, en vez de ofendernos o molestarnos, sirva a la institución para revisar aquello que no estamos explicando o de lo que no tenemos suficiente certeza o información como para explicarlo mejor y así hacer hincapié. En este momento hablamos de procesos de comunicación transformacional.

A partir de aquí hablaremos de la comunicación como motor de transformación educativa, ya que para explicar qué hacemos, como organización debemos tener claro para qué lo hacemos. Esto significa ponernos delante del espejo con la certeza de saber que tendremos que mover, reexplicar, modificar, debatir o relatar de una forma distinta a la que lo hacemos hasta el momento porque quien debe entenderlo, colaborar con nosotros y trabajar con un objetivo común son las familias.

1.5.2. La emoción

En el ámbito de la educación la emocionalidad está presente en todos los momentos y espacios de una institución educativa.

Intentad acordaros de vuestro paso por la escuela o el instituto; los momentos que recordáis están siempre y sobre todo vinculados a emociones.

Aparte de la vivencia personal de los alumnos dentro del mundo educativo, al hablar de un servicio que se crea en el momento en que se está ofreciendo este, no podemos separarlo de la emocionalidad de todas las personas que en aquel momento forman parte de la escena. Por ende, están implicadas emociones de alumnos y de docentes.

Más allá tenemos también las emociones que la educación despierta en cada una de las familias: expectativas de éxito, nervios, experiencias personales previas, etc. En consecuencia, añadimos aquí también la emocionalidad de las familias.

Con todo esto, ¿realmente creemos que comunicamos solo en el momento en que estamos redactando un comunicado para mandar a las familias? Comunicamos en todos los momentos, porque comunicar implica emocionalidad, implica reciprocidad y tiene que ver con entender en qué momento emocional se encuentra la otra persona, en tener una mirada sistémica amplia para ver las mochilas emocionales que cargamos profesores, familias y alumnos, para poder vincularnos con el aprendizaje, con el proyecto de centro educativo.

1.5.3. El sentimiento de pertenecer

El sentimiento de pertenencia se refiere a la sensación y la percepción de ser parte de un grupo o comunidad. Esta es una parte importante de la identidad y la conexión social y podemos aplicarla a múltiples contextos como el lugar de trabajo, la familia, la comunidad local, un equipo deportivo, entre otros.

Los centros educativos, en consecuencia, son lugares a los que pertenecer; y a ellos pertenecen los profesores (somos de un claustro de profesores y no de otro), los alumnos y las familias. Pertenecer nos da identidad, define qué nos gusta, cómo nos comportamos o qué actitudes, valores y palabras mueven nuestras acciones.

Pertenecemos a un grupo porque somos seres sociales, no nos gusta la soledad. Sentir que pertenecemos aumenta el compromiso, el trabajo cooperativo y la motivación individual. Cuando «yo soy de un grupo» refuerzo mi identidad personal y al mismo tiempo esto me vincula a un propósito.

Crear el sentimiento de sentirse parte de un grupo no es tarea fácil, y muchas veces no podemos dejarlo al azar, ya que en ocasiones los grupos que creamos en educación no son grupos naturales (normalmente no juntamos a los alumnos por sus afinidades sino que lo hacemos por su año de nacimiento, por ejemplo). Lo mismo pasa con las familias o los profesores. Por eso, en algunos momentos cohesionar el grupo y hacer que todos los miembros se sientan parte de este es una tarea que requiere de intencionalidad.

Sea como sea, en el momento que nos decimos «yo soy de» o «somos de», formamos parte de un ideario, unos valores, perseguimos objetivos comunes y nos identificamos con lo que pasa en esta escuela o instituto, ya que nuestro vínculo emocional pasa por la vivencia y las percepciones de lo que allí pasa.

De ahí la importancia de crear vínculos entre docentes, alumnos y familias, de buscar que todas las personas tengan un grupo, un lugar de seguridad donde recurrir, donde preguntar, donde encontrar aquello que necesitan. ¿Qué es lo primero que hacen las familias cuando empiezan la escuela? Darse los contactos personales para poder pertenecer al grupo de WhatsApp de la clase. ¿Hacemos lo mismo con los profesores? Nuestro plan de acogida incluye esta voluntad de sentir el grupo como «mi grupo».

En el momento en que pertenecemos a un grupo creamos vínculos y compartimos valores. Necesitamos percibir el reconocimiento del grupo sintiendo que no quedamos excluidos en algunos momentos y que tenemos la misma información que todas las personas que forman parte de este. ¿Vemos la importancia de **pertenecer** relacionada con la comunicación educativa?

1.5.4. La veracidad, objetividad de la información

En el punto anterior hemos hablado de que pertenecer pasa por disponer de la misma información que el grupo. Pasa también por entender lo mismo, por compartir significados.

Desde la institución educativa generamos mucha información, tomamos decisiones a diario y comunicamos en todo momento. ¿Nos hemos preguntado cómo esta información llega a quien queremos que llegue?

A menudo digo que «lo que no decimos nosotros, lo dicen otros por nosotros» y en educación pasa a diario. Si desde el equipo docente decidimos hacer cambios en algún ámbito y no lo comunicamos, si empezamos a trabajar con nuevos materiales y no lo transmitimos a las familias, en el momento que estas reciban información por sus hijos, por otros padres o por algún comentario, lo que harán será pedir explicaciones. En este momento no estaremos teniendo una comunicación proactiva y objetiva y además nuestra percepción de veracidad se verá condicionada. Pasa lo mismo si un equipo directivo no da información veraz y de forma transparente a su equipo. Si no compartimos nuestros objetivos de trabajo de forma transparente y con datos, contexto e información para entender y trabajar sobre ello, es difícil que nuestro equipo se pueda implicar al mismo nivel que si dispone de esta información.

Siempre recomiendo que en el momento en que gestamos, debatimos y nos planteamos cualquier cambio en educación, sea el que sea (puede ser algo tan pequeño como cambiar la biblioteca de espacio), pensemos cómo queremos comunicarlo. No hacerlo hará que quizás algún alumno se extrañe, lo comente en casa, la familia pregunte, lo ponga en el grupo de WhatsApp de clase..., y ya podéis prever que de un pequeño gesto se encadenan a continuación una serie de preguntas y cuestiones que ponen en duda la credibilidad de nuestra actuación.

Por lo tanto, mi consejo: pensar siempre cómo vamos a comunicar a cada una de las partes implicadas los cambios que hacemos. Tenemos el deber de crear opinión sobre nuestra comunidad educativa (si los expertos en educación somos nosotros, tenemos que dar valor a lo que hacemos a diario) porque si no lo hacemos nosotros, la sociedad, los medios de comunicación, incluso en el bar donde tomamos café o en la peluquería tienen opiniones sobre el mundo educativo. No debemos menospreciar nuestra función de difusión en nuestro campo de trabajo. Demasiadas veces utilizamos conceptos o palabras que son muy propios del mundo educativo pero que quizás para otras personas suenan diferente o tienen una carga emocional distinta. ¿Creéis que para vuestras familias «evaluación» significa lo mismo que para vosotros? O quizás conceptos como «convivencia escolar», «planificación» o «consejo escolar» tienen connotaciones distintas solo por el hecho de que no conocen qué son, para qué sirven o qué función tienen dentro de la institución. En consecuencia, es nuestro deber compartir con las personas de nuestra comunidad educativa cada uno de los conceptos, qué es, cuándo pasa, para qué es importante, qué incluye, qué afectaciones tendrá, etc. Nos referimos aquí a lo que anteriormente hemos mencionado como «hacer pedagogía de la escuela», por tanto dar información, relatar, compartir aquello sobre lo que se habla desde un lugar informado, contextualizado y veraz.

Recientemente me encontré a una conocida que me comentó que en la escuela de su hijo empezaron a hacer robótica, y cuando le pregunté qué hacía me dijo «no tengo ni idea, igual acaban con un robot humanoide por la clase que hace funciones de profesor».

No es descabellado pensar que lo que para nosotros es habitual, como por ejemplo decir que trabajamos con robótica para referirnos a programación, matemáticas, construcción, creatividad, funcionalidad, etc., para las familias quiera decir algo diferente, pues no compartimos un imaginario común con respecto a lo que estamos hablando. Por este motivo me reafirmo en que debemos hacer «pedagogía de la educación», explicarnos, certificar si entendemos lo mismo, si se comprende lo que queremos contar y, en caso de no ser así, preguntarnos cómo lo haremos para acercarnos a quienes necesitamos que nos entiendan.

1.5.5. Información a tiempo y en la forma correcta

Está claro que la institución educativa recibe *inputs* de muchos y diferentes lugares. Garantizar que la información llegue a profesores, familias y alumnos en tiempo y de la forma correcta es clave.

Aquí quiero hacer hincapié en un concepto que utilizo a menudo que es la «lealtad institucional». A veces sin darnos cuenta comentamos conversaciones con familias, o momentos de la escuela, fuera de esta. En ocasiones quizá algún profesor explica alguna conversación que hemos tenido en el claustro de profesores y que aún no se ha hecho pública. Entonces entra en juego la lealtad: pertenecer a un grupo incluye también un deber de lealtad, de discreción, de silencio y de sinceridad. La institución educativa debe generar sus canales de comunicación y tomar acuerdos sobre qué, cómo y cuándo comunicar, pero debe garantizar sobre todo el cumplimiento de los acuerdos para garantizar que la información llegue a quien debe llegar en el momento en que la necesita.

En algunas ocasiones me han comentado en formaciones que a veces los profesores tienen noticia de novedades de educación (pruebas, informes, nuevas políticas, etc.) a través de la prensa, y sí, es cierto, porque los tempos de la comunicación institucional y política a veces son diferentes o incluso demasiado rápidos para poder compartirlos antes de que salgan por redes sociales o los comuniquen otras personas.

Esto no debe eximirnos de saber que para nuestro equipo docente, para nuestras familias y nuestros alumnos «la educación» o «el sistema educativo» o «la escuela» es su escuela-nuestra escuela, no es el gobierno o el ministerio del momento (porque muchas veces no saben ni quiénes son ni exactamente qué función tienen). Por eso, nosotros, el equipo docente, somos la institución a la que representamos. Somos con quienes se relacionan y se vinculan a diario. Somos la cara visible de un sistema educativo y por tanto nos debemos a este, a pesar de que en algunos momentos quizás podemos no compartirlo o no estar de acuerdo en algunos aspectos (de aquí también el concepto de lealtad institucional).

Un docente, igual que una familia, no puede recibir una noticia, una comunicación importante o una cita a una reunión o entrevista a través de un mensaje de WhatsApp. Tener en cuenta el lenguaje, las formas, los medios y adoptar acuerdos sobre ello es clave para garantizar que la información llegue en tiempo y forma a quien debe llegar.

Para terminar el capítulo pongo como ejemplo las palabras que recientemente en una formación sobre comunicación educativa en un instituto que cuenta con una plantilla de 48 profesores la directora dijo: «que no se comunique algo a tiempo a mí me cuesta siete horas de trabajo».

Aquella afirmación nos llevó a evaluar minuciosamente qué pasaba en las aulas, en el centro educativo y en qué situaciones la no comunicación había tenido consecuencias para el equipo docente y también (y sobre todo) para el equipo directivo.

Podemos ejemplificar esto en una situación claramente comprensible, pero que podéis identificar en cualquier ámbito o momento de un día en la escuela o instituto.

En el instituto un alumno ve un ratón en el pasillo. Obviamente grita dando a conocer al resto de alumnos su gran hallazgo. Llega un profesor y los manda entrar al aula diciendo que solo es un ratón. Fin de la intervención.

¿Resultado? Por la tarde la dirección del centro educativo recibe llamadas de familias, del responsable de la asociación de familias e incluso del responsable de mantenimiento del ayuntamiento, preguntando qué pasa con la plaga de ratones detectada en el centro educativo.

Nuestra no comunicación ha hecho que el teléfono (por redes sociales o WhatsApp) comunique aquello que nosotros no estamos diciendo. Naturalmente nos encontramos ante una crisis reputacional del centro educativo en la que no comunicar proactivamente nos lleva a ir a remolque de aquello que dicen los otros de nosotros.

Este ejemplo tan ilustrativo pasa cada día en todos los centros educativos del mundo. La no comunicación comunica por defecto y deja en manos de otros aquello que se dice de nuestra escuela o instituto.

Si no queremos que estas situaciones nos cuesten siete horas de trabajo inesperado, si queremos que nuestro equipo docente sepa cómo actuar, debemos crear una estructura y un método comunicativo propios. No es trabajar más; al contrario, es hacer las cosas de forma diferente y mejor para evitar horas y horas de trabajo y la consecuente pérdida de reputación con algo nada vinculado con el éxito educativo de nuestros alumnos o con nuestra metodología de trabajo en las aulas. Por este motivo necesitamos compartir qué es comunicar para nosotros y para nuestro equipo y tener en común canales, estrategias y métodos de comunicación.

Para trabajar la información de este apartado con los docentes de vuestro centro educativo, os propongo que identifiquéis los momentos en los que habitualmente comunicáis y veáis si tenéis acuerdos en tiempo, forma, estructura, canal, etc.

¿QUÉ?	¿QUIÉN COMUNICA?	¿A QUIÉN?	¿CÓMO?	¿CUÁNDO O CADA CUÁNTO?	¿TENÉIS ACUERDO DE CENTRO?
Excursiones o campamentos					
Incidentes de aula					
Incidentes de comedor					
Faltas de asistencia					
Informes					
Proyectos de centro					
Novedades organizativas					
Cambios en plantilla docente					
Materiales que llegan a casa					
Proyecto educativo					
Otros					

A menudo me encuentro con equipos docentes que tienen acuerdos sobre las comunicaciones del día a día, pero en ocasiones, como los incidentes de comedor o de patio (muy habituales, como ya sabéis), no tenemos establecido el circuito de comunicación; por tanto, nos vemos en la situación en que olvidemos comunicar, el alumno por la tarde lo comenta en casa y recibimos un correo o un comunicado de la familia pidiendo explicaciones sobre por qué no hemos informado.

También nos sucede que creemos que elementos como el proyecto educativo, el ADN del centro, se irá comunicando por el hecho de estar en la web del centro o por haberlo explicado en jornadas de puertas abiertas al principio de la escolarización. Si no dedicamos tiempo a contar nuestros proyectos y todo aquello que hacemos en cada momento en el aula o en cada material que distribuimos, fácilmente puede suceder que una familia desconozca novedades o cambios.

Identificar estos momentos y otros, teniendo en cuenta los circuitos por los que pasa la información, es clave para evitar situaciones en que la no comunicación en tiempo y forma genere problemas posteriores.

2. EL EQUIPO HUMANO DEL CENTRO: LOS DOCENTES

«Las personas que están lo suficientemente locas como para pensar que pueden cambiar el mundo son las que lo hacen.»

STEVE JOBS

Hablando de comunicación educativa, es clave tener en cuenta a los docentes. Su trabajo implica a diario comunicación con diferentes partes: alumnos, familias, compañeros de trabajo, empresas externas, servicios de la comunidad, etc. La comunicación es inherente en el día a día de los profesionales de la educación.

Para tratar sobre los docentes, el equipo educativo del centro, nos fijaremos en el Programa Internacional para la Evaluación de Estudiantes (PISA, por sus siglas en inglés), llevado a cabo por la Organización para la Cooperación y el Desarrollo Económicos (OCDE), ya que este realiza estudios periódicos sobre la educación en varios países y proporciona datos sobre diversos aspectos del sistema educativo, incluidos los docentes. Los informes de PISA destacan varios puntos importantes sobre los docentes que debemos tener en cuenta como pilar fundamental del centro educativo, ya que son quienes crean y transmiten los valores de centro, la cultura organizativa y que a diario desarrollan el «servicio educativo» con los alumnos, que son el eje y foco principal de la creación de escuelas e institutos. Todo aquello que queramos llevar a cabo con nuestro equipo, ya sea un gran proyecto de transformación o la toma de decisiones del día a día en nuestro centro, pasará por la decisión individual con ilusión, implicación, reto y compromiso de cada uno de los docentes que tengamos en nuestro centro educativo.

En los informes de PISA, que se elaboran basándose en estudiar y comparar diferentes sistemas educativos, se apunta a algunos elementos clave para generar un impacto positivo sobre los resultados académicos y al mismo tiempo garantizar una alta calidad humana. Recordemos el foco principal de un sistema educativo, que es la calidad educativa, el éxito de todos los alumnos (entendiendo éxito vinculado al máximo potencial de crecimiento y aprendizaje de cada uno de ellos).

Uno de los elementos que apunta está relacionado con **la calidad de la enseñanza:** los informes PISA subrayan la importancia de la calidad de la enseñanza en el rendimiento estudiantil, ya que los datos apuntan a que sistemas educativos exitosos cuentan con docentes bien preparados y altamente calificados. Por tanto, a docentes más preparados, alumnos que obtienen mejores resultados. Hablamos de la formación inicial docente (los estudios que cursan antes de empezar a ejercer), pero también de la formación posterior, la que reciben durante su carrera laboral. Esta se enmarca en lo que se conoce como **desarrollo profesional docente.** PISA enfatiza la necesidad de proporcionar oportunidades de desarrollo profesional continuo para los docentes. La formación continua y el acceso a recursos educativos son esenciales para mejorar la práctica docente y adaptarse a las nuevas demandas educativas. En consecuencia, hablamos de las formaciones que a nivel individual reciben para expandir su conocimiento sobre novedades, sobre aspectos pedagógicos, organizativos, etc., pero también y sobre todo la formación que se lleva a cabo en el centro educativo, la que nos ayuda a generar cultura de equipo, a tener debate pedagógico, a tomar decisiones para la mejora individual, grupal e institucional y la que nos hace entender que el total es mucho más que la suma de las partes.

Otro aspecto que se apunta en los informes PISA es la **autonomía** y la **responsabilidad:** los informes sugieren que los sistemas educativos que otorgan mayor autonomía a los docentes en la toma de decisiones pedagógicas, junto con una clara responsabilidad, tienden a tener mejores resultados. Esto incluye la capacidad de adaptar el currículo y las estrategias de enseñanza a las necesidades de los estudiantes. En este caso hablamos de un servicio educativo que se desarrolla «hecho a medida» para cada grupo clase, para cada alumno y cada situación, teniendo en cuenta siempre el proyecto educativo del centro, que nos marca las líneas principales de actuación, organización y al que cada persona del centro le debe lealtad en tanto que es un proyecto que se construye con la participación de todas las personas que en cada momento forman parte de la institución educativa. Si lo miramos desde el prisma de «servicio», el hecho de que este se está creando al mismo tiempo que se está dando la situación lo hace altamente variable y deja en manos de las personas y sus características que este servicio dé una respuesta u otra. Dentro de una escuela todos sabemos que se habla (entre profesores, alumnos y familias) de qué profesor te toca cada curso, para contar cómo trabaja, si es exigente, si organiza bien el aula, si gestiona bien los conflictos, etc.

Naturalmente, cuando hablamos de personas en su ámbito laboral, debemos tener en cuenta las **condiciones de trabajo.** Las condiciones de trabajo de los docentes, incluyendo el tamaño de las clases, los recursos disponibles y el apoyo administrativo, son factores cruciales que afectan a la eficacia de la enseñanza. Mejores condiciones laborales se asocian con una mayor satisfacción y retención del profesorado. No hablamos solo de sueldo u horario, sino que hablamos de trabajar con información, sabiendo qué deberes tengo pero también qué derechos. Una organización escolar normalmente está altamente jerarquizada y burocratizada, por lo que raramente permite trabajar para incrementar o disminuir los incentivos horarios o laborales en función del rendimiento. Este es uno de los motivos por los cuales la vocación es importante, pero también lo es el ser capaces de generar un espacio laboral tranquilo, ordenado, bien gestionado, donde cada persona sepa qué se le pide pero al mismo tiempo se le dé espacio para crecer, para aportar y ser creativo dentro de una organización que está en constante movimiento, porque no olvidemos que en muchos ámbitos, pero sobre todo en educación, las personas son quienes hacen posibles los proyectos educativos.

Relacionado con lo que comentamos en este punto, PISA hace aportaciones también en la línea de la **colaboración** y la **comunidad profesional.** Destacan la alta importancia que tiene la colaboración entre docentes y la creación de comunidades profesionales de aprendizaje. La colaboración entre pares y el intercambio de buenas prácticas contribuyen a una enseñanza más efectiva; volvemos por tanto a la idea que no solamente se aprende de la teoría, sino también de la observación y la experiencia directa. Al aprovechar el *job shadowing* y los recursos propios, fomentamos un aprendizaje continuo dentro del equipo docente, potenciando el impacto de las prácticas educativas y generando un entorno de mejora constante. Este punto nos debe llevar a pensar y organizar estrategias para que los docentes de nuestro centro colaboren con otros docentes, que puedan verlos en sus aulas, darles *feedback,* que puedan ser observados y que les hagan aportaciones para mejorar su práctica docente.

En función de la cultura de cada escuela o instituto esto será más fácil o menos de instaurar, pero la evidencia nos dice que los profesores adquieren nuevas formas de organizar o de dar clase en el momento que trabajan con otros profesores que les dan *feedback* o que pueden ver *in situ* cómo se desarrollan en su aula.

Se apunta también a la **evaluación** y la **retroalimentación** constructiva y regular, ya que son esenciales para el desarrollo profesional de los docentes. PISA aboga por sistemas de evaluación que no solo midan el desempeño docente, sino que también proporcionen información útil para el crecimiento profesional, y muchas veces vemos que los docentes cuentan con experiencias de aula, de organización de otros centros, conocimientos fuera del ámbito educativo, que muchas veces son los que pueden hacer crecer la organización en profundidad y en calidad. De esta propuesta han surgido redes de escuelas que se visitan, intercambian materiales, planteamientos, opiniones o formas de organización que pueden servir para hacer crecer a los equipos humanos y a los proyectos educativos a partir de ver, analizar, dar *feedback,* entender cómo y por qué lo hacen de un modo u otro, etc.

Otros aspectos que apunta PISA tienen que ver con el acceso a la función docente y los primeros años de trabajo en los que se dibuja el ADN de lo que un docente va a desarrollar de forma habitual en su vida laboral. De aquí que en algunos lugares, como por ejemplo algunos países de la Unión Europea, desde la gestión educativa se impulsen programas de residencia inicial docente en los que un docente nuevo pueda tener una mentoría con docentes experimentados para preguntar, para poder ver sus clases, cómo organizan su tiempo, cómo atienden a familias y alumnos, y tantos otros aspectos que son difícilmente reflejados en papeles, proyectos, acuerdos de centro o publicaciones y que muchas veces tenemos que ver para comprender.

Con todo esto sobre todo se subraya que los docentes son un factor clave en el éxito educativo y que invertir en su formación, desarrollo y bienestar es fundamental para mejorar los resultados educativos a nivel global. Por este motivo hablar de comunicación educativa requiere e implica hablar de personas, y el *core,* el pilar fundamental de la institución.

En el momento que hablamos de personas que ejercen de docentes debemos saber que dentro de una organización las personas que se sienten comprometidas y pueden crear y crecer en la organización se vinculan más con esta. Los cambios funcionan mejor si hay intención y una organización educativa vive en el cambio permanente, sea porque cambian las normas, las leyes o simplemente porque lo que una sociedad pide y necesita del mundo educativo es diferente en cada momento de la historia.

Si nos referimos a la nueva cultura del marketing de servicios, desde la perspectiva de la comunicación, podemos identificar que de las 4P *(product, placement, price, position),* se añade una quinta P, que es la de personas. En el momento en que las personas, lo que piensan, lo que sienten, lo que perciben, cómo viven o por qué lo hacen así es importante para una institución, esta cambia su forma de organizarse, de sentirse y de explicarse. En el momento que ponemos a las personas en el centro de la educación, nuestra mirada es otra, más allá de los resultados académicos o las prácticas educativas. Y aquí debemos entender que, como servicio, son las personas quienes desarrollan los proyectos educativos, y por tanto que la calidad de una escuela u otra es la calidad de las personas que la conforman.

Recordemos que las personas, y por tanto los docentes, generamos un relato, un estatus que nos sitúa en una determinada posición dentro de la organización, nos protege, nos ayuda a conseguir aquello que queremos y que crea una narrativa de aquello que percibimos o aquello que nos lleva a tomar decisiones (como por ejemplo cambiar o proteger nuestro estatus). En algunas ocasiones este estatus puede ser un regalo o una carga, y puede también ser un lugar donde refugiarse (cojamos por ejemplo momentos en que alguien dice «es que todos creemos que», en realidad ¿somos todos o los que quizás no lo creen tampoco dicen lo contrario?). En estos momentos hablamos de este estatus, que nos puede ayudar a avanzar y cambiar o que puede actuar de freno, sobre todo por el miedo individual de alguien, que sumado a otras personas genera este sentimiento de «todos» o como mínimo de grupo.

Para ver en detalle cómo generar esta cultura de centro y cómo trabajar con ella para poder mejorar la comunicación entre nuestro equipo analizaremos la comunicación interna.

2.1. LA COMUNICACIÓN INTERNA, LA SEMILLA DE CUALQUIER PROYECTO EDUCATIVO

Cuando hablamos de comunicación interna, tal y como describe Núñez (2017) en su libro sobre marketing educativo, hablamos de uno de los elementos esenciales para la gestión de los procesos organizativos de cualquier institución para funcionar de forma efectiva y eficiente.

A nivel técnico hablamos de aquel flujo informativo entre la dirección del colegio, el profesorado y el resto de personas que trabajan en el centro, buscando en todo momento articular un mensaje claro, coherente y estructurado, base de una buena organización interna.

En este momento cualquier docente que lea esta definición puede decir que sí, que documentos escritos hay muchos, pero que en realidad en ellos no se describe la comunicación interna, y tendría razón. Frases tipo «en mi escuela hay muchos documentos disponibles pero «nos comunicamos mal» o «es que no sé ni qué hace la persona que trabaja a mi lado» se pueden escuchar en muchos equipos docentes.

Al hablar de comunicación interna hablamos de comunicarnos obviamente, pero hablamos de algo que es más importante, que es crear cultura dentro de la organización.

Cualquier grupo de personas que conviven en un espacio y tiempo genera una forma de funcionar, unos rituales, el uso definitorio de algunas palabras concretas que tienen una alta carga emocional, etc. Pero desde una mirada sistémica, una organización es la suma de todo aquello que esta ha vivido a través de las personas que la componen y de lo que estas se cuentan a sí mismas sobre aquello vivido (sobre todo de cómo esta historia se relata, se cuenta y se transmite). Hablaremos en profundidad sobre el relato en otro capítulo, pero, como concepto, entender que no somos solamente lo que vemos ahora, sino que, al ser una organización formada por personas, somos la suma de sus percepciones, de sus vivencias y de sus historias.

En el momento actual la comunicación interna no se produce solamente presencialmente y en un momento puntual; debemos reconocer que la comunicación actualmente es síncrona y asíncrona, presencial y no presencial, pero también suma elementos de fuera de la propia organización como pueden ser las redes sociales de cada una de las personas, los grupos de WhatsApp a los que pertenecemos o a los que no pertenecemos, etc. Todo esto como organización educativa nos debe llevar a tomar decisiones sobre cómo gestionarlo.

En el capítulo 5, sobre comunicación interna y externa, detallaremos más ampliamente cómo desarrollar y qué tener en cuenta para generar procesos de comunicación interna en el centro tanto para los profesionales que trabajan como para las familias que ya forman parte de nuestra institución educativa.

2.1.1. El plan de acogida

Si entendemos que la cultura en una institución que se crea y se sustenta a través de diversos factores interrelacionados, veremos que hay algunos elementos clave que contribuyen a la formación de la cultura institucional. Estos elementos nos facilitarán poner el foco en qué debemos contemplar y cómo hacerlo para poder explicar y organizar cómo nos vemos, cómo nos explicamos y cómo acogemos a docentes (y veremos que lo mismo nos sirve para familias y otras personas de la comunidad educativa).

El **liderazgo** en una institución educativa tiene un impacto significativo en la cultura organizacional. Sus valores, comportamientos y decisiones establecen el rumbo y las expectativas para el resto de la organización. En el mundo educativo a veces nos cuesta que alguien que un día es profesor, otro sea director, pero el liderazgo se ejerce de forma bidireccional, cuando el grupo reconoce al líder y cuando el líder reconoce al grupo. Una compañera de trabajo usaba mucho la frase «quien rema no timonea» y en el ámbito de la educación es bien claro. Debemos saber quién está al timón, quién marca la línea a seguir, quién nos lleva a nuestro destino y vigila que sigamos el rumbo establecido. Una vez se ejerza el liderazgo (en el que naturalmente hay muchos elementos a tener en cuenta, y no entraré en detalle en este libro, pero hay literatura disponible al respeto), las personas que forman parte del grupo deben mostrar su lealtad a este y a las decisiones tomadas por la persona líder, la dirección. Y de aquí nace algo tan importante como lo es la confianza. Confiar en nuestro equipo y que este confíe en la persona —o equipo— que lo lidera es la clave para sostener cualquier proyecto educativo, cuyos fundamentos están en las personas que lo conforman y lo definen a diario.

Otro elemento importante y destacado de nuestra acogida, que debemos acordar (como veremos en el apartado sobre el relato de centro) y compartir en el plan de acogida, serán los **valores** y **creencias.** Los valores fundamentales y las creencias compartidas por los miembros de la institución forman la base de su cultura. Estos pueden estar explícitamente definidos en la misión y visión de la institución y van a definir quiénes somos, de dónde venimos, por qué somos así y nos darán argumentos y fundamentos para sostener nuestras actuaciones. Somos así y nos comportamos así. Nuestro sistema de valores y creencias nos va a hacer utilizar una forma determinada de hablar, nos va a proveer de un vocabulario concreto y aquello que mostremos cada día en todos nuestros momentos comunicativos será lo que mueva nuestras actuaciones. Estos valores y creencias serán los que generen que aquello que digamos y hagamos sea coherente y por tanto que sea veraz; de aquí va a nacer el compromiso. Personas altamente comprometidas con la institución, que la entiendan y que se entiendan a sí mismas como una pieza fundamental de esta. Desde mi punto de vista, en este momento será clave la vivencia de la lealtad institucional: saber que pertenecemos a un grupo nos va a llevar a querer mejorar lo que pasa en él, el proyecto que se desarrolla y a no tener momentos de deslealtad como puede pasar por ejemplo cuando un docente cuenta algunas cosas a familias o fuera del entorno del centro educativo.

No podemos olvidar acordar y transmitir las **normas** y **reglas.** Las normas informales y las reglas formales guían el comportamiento de los miembros de la institución. Estas pueden incluir códigos de conducta, políticas internas y procedimientos operativos. Cómo nos comunicamos y cómo no lo hacemos lo que compartimos y lo que no, lo que hacemos y lo que no hacemos..., todo el conjunto de normas de funcionamiento acordado y pautado nos generará orden y nos dará seguridad de estar haciendo aquello que la institución ha acordado.

Si entramos en la parte más cultural, social o de convivencia, debemos hablar de **rituales** y **ceremonias.** Las prácticas y celebraciones recurrentes, como reuniones, eventos de reconocimiento, ceremonias de premios y otras tradiciones, refuerzan la cultura institucional. Además, tenemos que garantizar que se conoce el calendario y que hemos hablado de la implicación que cada persona tiene en su preparación, ejecución y presencialidad.

Transmitir **nuestra historia,** explicar quiénes somos ahora, describir cómo somos, es relativamente fácil, pero conocer las historias sobre el pasado de la institución, sus fundadores, los éxitos anteriores y los desafíos superados contribuyen a dar forma a la identidad y la cultura de la institución. Contar de dónde venimos da valor a lo que somos ahora, nos hace fuertes y justifica nuestras decisiones y actuaciones; por tanto, somos lo que nos contamos y somos nuestra historia contada a través de elementos objetivos y una enorme suma de historias subjetivas. Relacionado con este elemento encontramos también el **lenguaje** y la **comunicación:** el lenguaje y la forma en que se comunica la información dentro de la institución reflejan y refuerzan su cultura; las palabras que utilizamos, cómo nos expresamos, cómo escribimos, qué registros utilizamos... esto incluye el uso de jergas, eslóganes y términos específicos, pero incorpora también una parte de marca, una estética y una forma determinada. Cualquier persona debe saber cómo y a quién comunicar según cada finalidad y cuál es el circuito para dar respuesta. En algunas formaciones que he hecho, al diagnosticar cómo se comunica un centro educativo, han llegado a responder que hasta por 10 canales distintos: con notas escritas, a través de la agenda, con mensajes a conserjería, llamando por teléfono, diciéndole a la maestra, correo electrónico... Por ende, no dejar a voluntad de cada docente qué y cómo comunicar es un elemento que da una idea de congruencia institucional y de idea única y coherente a nuestro centro educativo. Dar los mismos mensajes de la misma forma y a través del canal acordado genera lo que llamo «higiene comunicativa». Saber por dónde recibes mensajes y dónde debes mandarlos nos ordena y al mismo tiempo nos permite tener el control y no perder informaciones importantes.

Naturalmente en la acogida en la institución no podemos descuidar la **estructura organizacional.** La manera en que se organiza la institución, incluyendo la jerarquía, los equipos y los roles, influye en cómo se comunican y colaboran los miembros. Debemos clarificar qué responsabilidades tendrá cada uno dentro del equipo, dónde y cómo ejercerá este liderazgo distribuido, dónde se tomarán los acuerdos y cómo almacenaremos la información sobre actas, comunicados, etc. Y también la descripción del **entorno físico:** el diseño y la disposición del espacio de trabajo también influyen en la cultura institucional. Cómo y por qué agrupamos a los alumnos de determinada forma, si cada aula tiene algunos elementos comunes o si no tenemos decisiones tomadas en esta línea (por ejemplo un espacio de biblioteca, un mapamundi, referentes visuales de aula, etc.). Un entorno que fomente la colaboración y la transparencia puede apoyar una cultura abierta y participativa, por tanto será importante hablar y detallar también los usos de los espacios comunes: pasillos, salas de profesores, vestíbulos, etc. Los espacios hablan mucho de cómo es una institución y dar valor a la organización de cada clase, del espacio de acogida de familias o los espacios comunes, también contará nuestra historia, quiénes somos, qué valores tenemos, qué nos mueve a actuar y cómo es nuestro día a día. Dentro del entorno físico no podemos descuidar dar información sobre elementos prácticos que hacen más fácil la entrada en un nuevo espacio, como puede ser dónde está el comedor y cómo hacerlo para apuntarse, hasta el uso de la fotocopiadora, las llaves o las entradas y salidas en casos habituales o excepcionales (por ejemplo, en caso de lluvia, de excursión, etc.).

A pesar de que la cultura institucional es dinámica y puede evolucionar con el tiempo, no podemos olvidar hablar de **comportamientos** y **actitudes,** aquellas acciones diarias y las actitudes de los miembros de la institución reflejan y perpetúan la cultura. Cómo acogemos a una familia en una entrevista o cómo los acompañamos a la salida, cómo damos los buenos días o cómo nos despedimos de nuestros alumnos. Los comportamientos positivos y alineados con los valores institucionales tienden a ser modelados y emulados. Sin embargo, cambiar la cultura puede ser un proceso complejo que requiere un esfuerzo consciente y sostenido por parte de los líderes y los miembros de la institución.

Con nuestro equipo docente tenemos que construir verdades y estas verdades reforzarán nuestra imagen de quiénes somos, qué hacemos y por qué por tanto esto deberá verse en actuaciones y evidencias, porque, tal como menciona Bernadette Jiwa (2013), «las verdades no se crean, se ganan».

El plan de acogida, lo que en inglés sería el *onboarding,* debe contener también una planificación de cómo acompañamos a la salida. Es decir, en el momento que alguien se marcha del centro, ¿cómo lo hace? Como equipo siempre podemos aprender a partir de preguntar qué ha aprendido, qué podemos mejorar, saber por qué se marcha, qué le ha sorprendido o qué ha echado de menos nos dará información muy valiosa para mejorar.

Una vez tengamos ordenado cómo nos comunicamos entre nosotros, cómo sabemos los proyectos que se llevan a cabo en un grupo clase, los calendarios de actos, eventos, formaciones o las novedades de agenda, vamos a ocuparnos de la comunicación hacia fuera.

2.2. LA COMUNICACIÓN EXTERNA: ¿CÓMO COMUNICAMOS AQUELLO QUE HACEMOS?

La comunicación externa de un centro educativo se refiere al conjunto de actividades y estrategias que una institución educativa utiliza para interactuar y mantener relaciones con personas, organizaciones y entidades fuera de su comunidad interna. Esto incluye a padres de familia, exalumnos, posibles estudiantes, organizaciones comunitarias, empresas, autoridades educativas, medios de comunicación y el público en general.

Según Burriel (2021), el flujo comunicativo entre las familias y los diferentes agentes educativos de una institución escolar (profesorado, equipo directivo, monitores, psicopedagogos, etc.) tiene una relación directa con la sensación de pertenecer al centro educativo y la vivencia de la comunidad. Por tanto, la institución educativa debe organizar la incorporación de las familias en el ámbito escolar propiciando la inclusión y la cohesión de la comunidad educativa.

En el próximo capítulo hablaremos extensamente de las familias, de sus perfiles, características y voluntades, pero sobre todo hablaremos de la relación que deben establecer, pero en el momento que tratamos de la comunicación externa, hacia fuera, claro está que la comunicación con las familias ocupa una gran parte de esta.

Normalmente los equipos directivos tienen el foco puesto en la **difusión de información,** es decir, todo aquello que incluye compartir noticias, eventos, logros académicos, programas y actividades a través de boletines, comunicados de prensa, sitios web y redes sociales. En momentos puntuales se comparte la estrategia comunicativa en este ámbito con el equipo de docentes, pero en general este aspecto se encarga prácticamente en su totalidad al equipo directivo. En el momento que pensamos en difundir información (para una finalidad específica como puede ser dar a conocer el centro para incrementar la matriculación o buscar participación de la comunidad y las familias en alguna actividad), estoy segura de que lo primero que os viene a la cabeza es la página web, y es lógico, pero tengamos en cuenta que deberemos pensar estrategias distintas para comunicarnos con las familias que ya están en nuestra comunidad educativa, que ya tienen hijos/as en nuestra escuela y que seguramente la web no es el lugar donde difundir la misma información para unas familias u otras.

En consecuencia, dentro de la comunicación interna estableceremos dos niveles (tal y como podemos ver en el diagrama): del docente al equipo y del equipo a la comunidad (incluyendo aquí las familias que ya forman parte de ella y los profesionales que trabajan en la institución educativa).

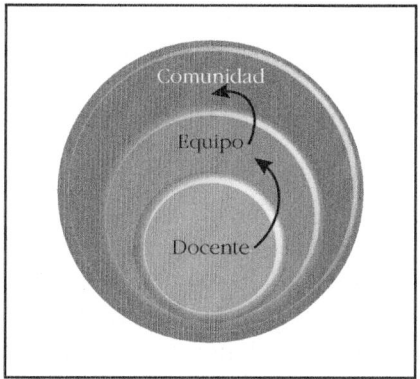

Como hemos visto en el apartado sobre la comunicación interna, aquello que tú piensas y sientes como docente sobre el mundo educativo, aquello que te mueve cada día a hacer lo que haces y cómo lo haces, crea tu «cultura de centro».

Las relaciones con los equipos de trabajo son la adición de culturas de centro individuales, que sumadas dan resultado a una forma de trabajar, organizarse, valorar la educación, relacionarse, etc.

En el momento en que hablamos de mantener **relaciones con las familias** (comunicación externa), es decir, mantener una comunicación constante sobre el progreso y bienestar de sus hijos, así como sobre las políticas y eventos de la escuela, nos debemos cuestionar a través de qué canales lo hacemos, con qué frecuencia y cuál es la finalidad de la comunicación.

Os contaré una anécdota divertida que desde mi punto de vista ilustra bien el ejemplo de comunicación con las familias. Una vez tuve un compañero de trabajo que me preguntó: ¿cómo te comerías un elefante? Ante mi cara de estupefacción me dio la respuesta. A trozos pequeños.

Es imposible digerir algo muy grande de golpe. Y sí, el mundo educativo es muy grande. Hablamos de proyectos, de materiales, de propuestas pedagógicas, de evaluación, de currículo, de convivencia, de extraescolares, de disciplina, de gestión de aula... mil conceptos que quien no está vinculado con nuestro mundo no entiende. Por ende, pedimos a nuestras familias que se coman un elefante entero, que confíen en nosotros sin entender qué hacemos, cómo, para qué...

Además, desde el centro educativo necesitamos pasar al siguiente nivel, por tanto comunicar más allá de las personas que ya forman parte de nuestra comunidad. Queremos convencer a nuevas familias de que apuesten por nuestro proyecto o queremos que otras instituciones colaboren con nosotros. En este momento hablamos de **marketing** y **promoción,** ya que lo que queremos en muchas ocasiones es promover la institución para atraer a nuevos estudiantes, destacando puntos fuertes, programas únicos, instalaciones y logros.

Con relación a esto, según Garreta (2014), las principales demandas de información a nivel familiar son: realizar tutorías con el profesorado, recibir información sobre conflictos, becas y ayudas al estudio, participar en la mejora del proyecto de centro, potenciar y participar con la asociación de familias, recibir orientación educativa sobre las capacidades, posibilidades y sistemas de colaboración con la escuela para mejorar los resultados académicos y las relaciones personales, promover la socialización de material escolar, participar en la renovación de espacios y mejorar los equipamientos docentes.

Aquí queda claro que desde la organización escolar debemos usar otras herramientas, como aplicaciones de comunicación específicas del ámbito educativo (donde las familias se dan de alta y tienen un espacio virtual propio donde recibir información específica de su hijo o hija, su grupo clase y del centro), espacios cerrados a la comunidad para compartir informaciones relativas a la gestión de aula, comedor, el día a día de la escuela o informaciones específicas sobre concursos, materiales necesarios, espectáculos, calendario, etc.

Un error común en muchas escuelas e institutos es compartir todo aquello que es específico para las familias que ya son del centro educativo en el mismo lugar que el resto, por ejemplo la web del centro. Lo que genera esta situación es que las familias que se dirigen a la web para conocernos acaban viendo actividades mil de cada grupo clase, talleres, fotos de excursiones y actos que normalmente nos cuentan hechos pasados, mientras que a veces se descuida la información que realmente pueden estar buscando las familias de fuera como por ejemplo el ADN de nuestro centro, cómo es un día en una clase, qué valores y principios nos mueven, etc. Por lo tanto, mi recomendación es buscar diferentes herramientas para diferentes propósitos, teniendo claro a quién queremos llegar y para qué.

Al plantear la imagen que proyectamos hacia fuera y cómo nos comunicamos con la comunidad, deberíamos también mirar aspectos relacionados con la marca, el relato que generamos, qué imagen estamos proyectando desde nuestros canales de comunicación y difusión. Es importante generar **alianzas** y **colaboraciones** que incluyen establecer y mantener relaciones con otras instituciones educativas, empresas y organizaciones comunitarias para crear oportunidades de colaboración y apoyo mutuo y relatarlo para que se conozca más allá de nuestra comunidad. Para hacerlo podemos contar también con **medios de comunicación,** prensa y otros medios que pueden ser locales, para asegurar una cobertura positiva y precisa de las actividades y logros del centro educativo.

Sabemos que la comunicación externa efectiva ayuda a construir y mantener una buena reputación, atraer y retener estudiantes, y fortalecer los vínculos con la comunidad en general, por tanto no debemos dejarla al azar o a la voluntad, de la misma forma que en un restaurante se ofrece un único menú al día, y no los platos que le apetecen a cada comensal o a cada camarero en función de las peticiones de cada mesa.

Dar a conocer la estrategia de comunicación (para qué queremos comunicarnos y qué queremos lograr), acordar los canales y responsables de hacerlo (quién va a comunicar y a través de qué canal) y los tiempos (cuándo lo vamos a hacer) y los mensajes (qué lenguaje utilizamos) es la clave para elaborar una estrategia o plan de comunicación que nos permita llegar a los objetivos que nos marcamos, ya sea incrementar el reconocimiento y la matriculación de nuevos alumnos o bien mejorar la confianza y las relaciones con nuestra comunidad para que nos entiendan y compartan con nosotros el proyecto educativo que rige nuestro quehacer diario.

3. LAS FAMILIAS: SU IMPORTANCIA EN LOS CENTROS EDUCATIVOS

En este capítulo nos centraremos en el papel que las familias tienen en los centros educativos, sobre todo en cuanto a la elección.

Hablamos de que hay dos momentos en los que nos relacionamos con las familias: uno antes de que entren a formar parte de nuestra comunidad (cuando no nos conocen y tienen que decidir si confiar en nosotros) y otro momento cuando ya son familias con hijos o hijas en nuestra escuela o instituto.

En el apartado que tenéis a continuación hablaremos sobre todo de características, valores y estructuras familiares que condicionan esta elección. Más adelante, en el momento que tratemos específicamente de la comunicación externa de centro, abordaremos también el papel que juega la comunicación con las familias tanto antes de formar parte de nuestra comunidad educativa como a partir del momento en que ya nos han elegido como opción educativa para sus hijos o hijas.

3.1. EL PAPEL DE LAS FAMILIAS EN LA ELECCIÓN DE CENTRO EDUCATIVO

En la mayoría de contextos la familia es quien elige la educación que quiere para sus hijos (sobre todo en educación infantil y primaria), y hablamos de alumnos menores de edad, por tanto es la familia quien elige y, una vez nos ha elegido, es con quien tenemos la obligación de comunicarnos.

Con las familias nos comunicamos por dos motivos:

Uno, para que nos elijan, nos conozcan y seamos una opción educativa para ellos. Y dos, para hablar de proyectos educativos, resultados, notificaciones, cambios pedagógicos y organizativos... en el momento que ya son parte de nuestra comunidad educativa.

En lo que tiene que ver con ser elegidos, podemos encontrar políticas educativas locales que planifiquen territorialmente los centros que nos tocan en función de dónde vivimos, pero, sea como sea, la familia es quien tiene la potestad de decidir sobre dónde escolarizar a sus hijos (y en algunos contextos incluso puede decidir si escolarizar o no hacerlo).

Muchas veces desde el mundo educativo vemos todo lo que nosotros hacemos para con un alumno en el aula, pero no siempre somos capaces de ver lo que este tiene o no tiene fuera del centro y saber leerlo para acompañarle a él y a su familia en el proceso educativo. Las mochilas emocionales que cargan los alumnos, las historias de vida que tienen fuera del centro educativo, su historia cultural, social, económica, lingüística... serán determinantes para su escolarización, y muchas veces condicionan sus requisitos de educabilidad. En este punto no me extenderé porque hay mucha literatura que relata cómo el contexto familiar marca la educabilidad de un alumno (sin ir más lejos, los estudios que se hacen después de pruebas como PISA apuntan cada vez más a relacionar factores educativos y no educativos para describir el éxito o fracaso de los sistemas educativos de diferentes contextos).

En el caso de centros de alta complejidad con entornos sociales, culturales y económicos bajos, las familias están prácticamente ausentes y la escuela tiene que gestionar más allá de lo que propiamente es académico (becas, soporte educativo fuera del centro, etc.).

En cambio, en otros contextos, donde las familias tienen un bagaje cultural, social o económico más elevado, estas están altamente presentes en la vida de los alumnos e incluso a veces pueden llegar a ser altamente demandantes con los centros educativos.

Por eso, sea como sea, las familias formarán una parte importante de nuestro contexto escolar, y deben ser conocidas, reconocidas y deben sentir que forman parte del centro y del proyecto. Para hacerlo deben conocer, comprender e identificar qué hace el centro educativo con sus hijos y en aquello que trabajamos, y a veces debemos ser altamente explícitos con qué les pedimos como familia, qué queremos que hagan o qué esperamos de ellos.

3.2. LA IMPORTANCIA DEL CONTEXTO Y SU INFLUENCIA EN LA RELACIÓN FAMILIA-ESCUELA

La relación entre las familias y los centros educativos tiene un nexo claro: el niño o la niña. Esto hace que la relación, tengamos la que tengamos, sea un acto inherente en todos los centros educativos. Es decir: tenemos que relacionarnos con las familias. No olvidemos que normalmente en educación infantil, primaria, secundaria (y muchas veces posobligatoria) hablamos de menores que, en ausencia de sus familias, están tutelados por sus maestros y profesores, en primer lugar, y por la dirección del centro educativo, en segundo lugar.

La relación entre ambos ha variado en el tiempo por motivos sociales, culturales y económicos que no son ajenos a las escuelas. Además, las familias han cambiado, la sociedad ha cambiado y estos cambios se ven reflejados también en los centros educativos.

La legitimidad de un sistema educativo se fundamenta en su capacidad para proporcionar una educación de calidad, equitativa, relevante y participativa, en consonancia con los principios de transparencia, rendición de cuentas y respeto a los derechos humanos, buscando dar respuesta a las necesidades del contexto donde esta de desarrolla. Por este motivo es un hecho normal que las familias (como parte emocionalmente vinculada al centro educativo, pero también como parte de la sociedad) promuevan la necesidad de información y comunicación por parte de las escuelas y por parte del sistema educativo en general.

Para mostrar un ejemplo suficientemente ilustrativo y que podamos compartir qué quiero decir en el momento que hablo de cambios sociales que se ven reflejados en el mundo educativo, vamos a situarnos unos años atrás, en el periodo anterior a la Primera Guerra Mundial, finales del siglo XIX, principios del siglo XX. Podemos comprender que el conflicto (1914-1918) tuvo un impacto significativo en la economía y la estructura laboral, llevando a la destrucción de lugares de trabajo y a una reconfiguración de las industrias. Durante este período se produjeron importantes avances industriales y tecnológicos que también influyeron en el mundo laboral. Estos factores afectaron a la disponibilidad de trabajo, las condiciones laborales y las habilidades requeridas en diferentes sectores industriales. El enfoque taylorista del trabajo se centraba en la aplicación de métodos científicos para mejorar la eficiencia en la producción industrial, especialmente en fábricas. Taylor propuso la división del trabajo, el análisis de tiempos y movimientos, y la estandarización de procesos para aumentar la productividad. Su enfoque se basaba en la idea de que los trabajadores deberían ser supervisados de cerca y que los procesos deberían ser diseñados científicamente para maximizar la eficiencia.

A nivel social aquella situación fue compleja y variada, y dependía en gran medida de factores como la ubicación geográfica, el estatus socioeconómico y las circunstancias individuales de cada familia. Sin embargo, a grandes rasgos dependía de si la familia vivía en una zona rural o urbana, cosa que, con la aparición de fábricas y nuevas formas de organización industrial, llevará a muchas familias a dejar el campo y trasladarse a las ciudades en busca de oportunidades laborales en las fábricas y otras industrias emergentes. Esta migración a menudo implicaba cambios significativos en el estilo y las condiciones de vida, con familias viviendo en espacios más reducidos y en entornos urbanos densamente poblados.

La organización familiar sufrió también grandes cambios, ya que antes de la industrialización el trabajo solía ser principalmente familiar, con todos los miembros contribuyendo al sustento de la familia de alguna manera, ya fuera en la agricultura, la artesanía u otras actividades. Con el surgimiento de la industrialización y el taylorismo, hubo una creciente separación entre el lugar de trabajo y el hogar, con los hombres a menudo trabajando en fábricas o en empleos asalariados fuera del hogar, mientras que las mujeres y los niños quedaban a cargo de las tareas domésticas.

En lo relacionado con la educación, esta también experimentó una serie de cambios significativos, aunque estos variaron según la región y el país. Algunos aspectos destacados sobre la educación durante ese período fueron la expansión de la educación primaria. En ese momento muchos países comenzaron a implementar sistemas de educación pública obligatoria para la edad escolar que hasta entonces estaba limitada solo a quienes podían pagarla. La introducción de la educación primaria obligatoria reflejaba una creciente conciencia sobre la importancia de la educación para el desarrollo de la sociedad y la economía.

A partir de aquí surgen modelos educativos influenciados por la industrialización. Naturalmente la educación durante este período estuvo influida por los cambios sociales y económicos resultantes de la industrialización y esto dio lugar a que el énfasis se centrara en proporcionar habilidades básicas de lectura, escritura y aritmética para preparar a los niños para trabajar en las fábricas y otros entornos industriales. Sin embargo, también hubo un movimiento hacia una educación más integral que incluía conocimientos en áreas como la ciencia, la historia y las artes.

No debemos olvidar que en aquel momento los roles de género en la educación a menudo hacían que se esperara que las niñas recibiesen una educación más limitada en comparación con los niños, con un énfasis mayor en las habilidades domésticas y el aprendizaje de las normas sociales tradicionales de género. Sin embargo, hubo movimientos en algunos lugares hacia una mayor igualdad de género en la educación, con más oportunidades para las niñas y mujeres en todos los niveles educativos.

A pesar de los avances en la educación durante este período, todavía había desafíos y limitaciones significativas. La educación seguía siendo inaccesible para muchas personas, especialmente aquellas de bajos recursos o en áreas rurales. Además, existía una gran disparidad en la calidad de la educación entre las zonas urbanas y rurales y entre las clases sociales.

Si nos fijamos en los roles de las familias en lo que a educación se refiere, veremos que estos variaban según el contexto cultural, social y económico de cada comunidad y país.

La participación era muy limitada por parte de las familias, especialmente entre las familias de clases trabajadoras. Esto se debía en parte a que muchas familias estaban ocupadas con el trabajo y las responsabilidades domésticas, lo que les dejaba poco tiempo y recursos para involucrarse activamente en la educación de sus hijos.

Las expectativas hacia la escuela (que recordemos que había expandido la educación pública y la institucionalización de la educación formal) la convirtieron en la principal responsable de la educación de los niños y niñas. Las familias confiaban en que la escuela proporcionara a sus hijos las habilidades y conocimientos necesarios para tener éxito en la sociedad.

La comunicación entre las escuelas y las familias a menudo era limitada o inexistente, en comparación con la actualidad. No había una infraestructura establecida para la comunicación regular entre maestros y padres, y las reuniones de padres y maestros eran menos comunes y seguramente en el momento que se hacían era sobre todo para centrarse en quejas y reprimendas hacia el alumno, su comportamiento o su implicación académica. Esto significaba que las familias a menudo tenían menos información sobre el progreso académico y el comportamiento de sus hijos en la escuela. En aquel contexto, las madres eran las principales responsables de las interacciones con la escuela y el seguimiento del progreso académico de sus hijos, mientras que los padres tenían menos participación en asuntos relacionados con la educación.

A pesar de las limitaciones en la participación directa de las familias en la educación, esta se consideraba en general como una prioridad y un medio importante para el avance social. Muchas familias hacían sacrificios significativos para asegurar que sus hijos recibiesen una educación, incluso si eso significaba invertir en libros, materiales escolares y oportunidades educativas adicionales.

En un contexto de bonanza económica, como el que muy pocos tenían, lo que se vivía justificaba que en un caso la relación familia-escuela fuese meramente laboral (la institutriz era una trabajadora más del servicio doméstico que estaba a cargo de la educación claramente definida por los objetivos familiares), mientras que en el mundo obrero la educación era la base para un posible ascenso social, por tanto la relación con los docentes y con la escuela era desde el analfabetismo, el agradecimiento, la admiración.

3.3. EL CONTEXTO ACTUAL DE LAS FAMILIAS RESPECTO A LA EDUCACIÓN

Ante la situación descrita, vamos a comparar con la actualidad del contexto social, económico y laboral de las familias para coger perspectiva y entender de otro modo la relación familia-escuela. Situémonos en el momento actual. El contexto laboral actual está marcado por una serie de tendencias y desarrollos que reflejan la evolución de la economía, la tecnología y las dinámicas sociales:

⇨ La **tecnología** ha transformado radicalmente la forma en que trabajamos. La digitalización ha llevado a la automatización de muchas tareas, la aparición de nuevas industrias como la tecnología de la información, y la demanda de habilidades digitales en una amplia gama de profesiones. La inteligencia artificial, el aprendizaje automático y la robótica están cambiando la naturaleza del trabajo en muchas industrias.

⇨ La **pandemia** de COVID-19 aceleró la adopción del trabajo remoto y la flexibilidad laboral. Muchas empresas han implementado políticas de trabajo desde casa de manera permanente o híbrida, lo que ha cambiado la dinámica tradicional de la oficina y ha permitido una mayor conciliación entre el trabajo y la vida personal. En las familias donde se da esta situación podemos encontrar por ejemplo más disponibilidad para acompañar o recoger a sus hijos de la escuela o mayor participación en actividades dentro del horario escolar.

⇨ El **trabajo *freelance*** ha experimentado un crecimiento significativo en los últimos años, cosa que permite una mayor flexibilidad pero también plantea desafíos. Igual que el teletrabajo descrito fruto de la pandemia, esta situación puede llevar a familias a que puedan compaginar sus horarios de forma que les permitan participar más activamente en el centro educativo que lo que lo hacían en momentos donde no existía el teletrabajo.

En lo referente al teletrabajo y el trabajo *freelance,* se ha dado una nueva realidad que es la de reabrir escuelas en pueblos pequeños, fruto de la repoblación que se ha vivido a partir de la existencia de nuevas formas de trabajo. Vinculado a esta situación se da tambíen otro fenómeno que es elegir dónde vivir en función del modelo de escuela (y por supuesto de vida) del lugar escogido. Conozco ejemplos de algunos pueblos que han reabierto sus escuelas rurales para dar respuesta a nuevas estructuras familiares, donde se ha apostado por un estilo de vida más natural, centrado en la familia y la educación y esto ha llevado a que la escuela tenga un peso importante en la socialización y la relación no solamente de los alumnos sino que también tiene un peso destacado para sus familias.

Ha habido un **aumento en la atención prestada al bienestar laboral y la salud mental.** Las empresas están reconociendo la importancia de apoyar el bienestar de sus empleados mediante la implementación de programas de salud mental, flexibilidad de horarios, políticas de licencia parental y beneficios para el equilibrio entre el trabajo y la vida personal. Este fenómeno se ve reflejado también en la escuela. Las familias quieren que sus hijos estén bien emocionalmente, y por eso muchas veces entienden que el bienestar de los docentes es una pieza fundamental.

El modo de vida de las familias ha ido variando significativamente según factores como la ubicación geográfica, el nivel socioeconómico y las circunstancias individuales. Sin embargo, hay algunas tendencias y características tales como la flexibilidad laboral y el trabajo remoto que permiten que muchas familias tengan la capacidad de organizar sus horarios de trabajo de manera más adaptable. Esto puede permitir una mejor conciliación entre el trabajo y la vida personal, ya que los padres pueden estar más presentes en el hogar para actividades familiares y responsabilidades relacionadas con la crianza y la educación, cosa que a veces hace que pueda haber una mayor implicación en el entorno escolar; por otro lado, muchas familias trabajan fuera del hogar para mantener los ingresos familiares. Esto puede ser tanto una elección como una necesidad económica debido al coste de la vida y las demandas financieras modernas. Sin embargo, también puede resultar en desafíos relacionados con la distribución de responsabilidades domésticas y el equilibrio entre el trabajo y la vida familiar.

En cambio, en otros contextos encontramos muchas familias que dependen de redes de apoyo ampliadas, como abuelos, otros parientes o servicios de cuidado infantil, para ayudar con la crianza y el cuidado de los niños. La colaboración entre miembros de la familia y la comunidad puede ser esencial para equilibrar las responsabilidades laborales y familiares. Aquí la escuela desarrolla un papel importante en la conciliación de horarios, así como en servicios extraescolares que no solo ocupen tiempo, sino que sean de calidad y reduzcan la necesidad de desplazarse a diferentes lugares para poder tener acceso a actividades complementarias. En estos casos la escuela funciona como lugar de relación y polo de atracción para otras familias vinculadas, que facilitan la red de contactos y confianza entre ellas, encontrando casos en que familias extensas o comunidades relacionadas van a la misma escuela para facilitar la logística de llevar o recoger a sus hijos.

A pesar de los avances en la flexibilidad laboral, muchas familias enfrentan desafíos económicos, como la creciente desigualdad de ingresos, el coste de la vivienda, la educación y el cuidado de la salud. Las preocupaciones financieras afectan al bienestar y la estabilidad de la familia, y pueden influir en decisiones importantes, como la planificación familiar y la educación de los hijos.

Las estructuras familiares son cada vez más diversas, con una mayor aceptación social de diferentes formas de familia, incluidas familias monoparentales, familias reconstituidas, familias LGBT+, entre otras. Esta diversidad familiar refleja la variedad de experiencias y circunstancias en las que viven las familias en el mundo moderno y la cual gran parte de las familias también quieren ver reflejada en la educación de sus hijos. En este caso he encontrado familias que han cuestionado el uso de algunos materiales sexistas, machistas o que solo reflejaban estructuras familiares de padre + madre + hijos, y en algunas escuelas que lo han integrado dentro del proyecto educativo como comisiones de familias para la revisión de materiales o propuestas didácticas.

En muchos sectores del contexto actual, la relación entre la familia y la escuela sigue siendo fundamental para el desarrollo académico, social y emocional de los niños. Sin embargo, esta relación puede estar influenciada por diversos factores, incluidos los avances tecnológicos, los cambios en la estructura familiar y las expectativas sociales en evolución.

Con el avance de la tecnología, la comunicación entre la familia y la escuela ha evolucionado. Las plataformas en línea, como los correos electrónicos, las aplicaciones móviles y los portales web, permiten una comunicación más rápida y eficiente entre padres y maestros. Las familias pueden recibir actualizaciones sobre el progreso académico de sus hijos, tareas, eventos escolares y comunicaciones importantes de manera instantánea.

Existe una mayor conciencia sobre la importancia de la participación de las familias en la educación de sus hijos. Las escuelas a menudo fomentan su participación a través de reuniones regulares, eventos escolares, programas de voluntariado y oportunidades para colaborar en el proceso educativo de sus hijos, facilitando participar en comités escolares, asociaciones de padres y maestros, y otras iniciativas de participación comunitaria.

Las comunidades educativas y los equipos docente cada vez son más conscientes de que la colaboración entre la familia y la escuela es un elemento esencial para el éxito académico de los estudiantes. Las escuelas buscan trabajar en estrecha colaboración con las familias para comprender las necesidades individuales de los estudiantes, proporcionar apoyo adicional cuando sea necesario y fomentar un entorno de aprendizaje positivo tanto en la escuela como en el hogar.

Desde los centros educativos, cada vez hay más conciencia de la diversidad de estructuras familiares y por ello buscan adaptarse a las necesidades de diversos tipos de familias. Esto incluye el reconocimiento y el respeto hacia familias monoparentales, familias reconstituidas, familias LGBT+, entre otras, y la implementación de políticas inclusivas que reflejen la diversidad de sus comunidades. Como hemos comentado anteriormente, la creación de comisiones o grupos de trabajo en los que participen familias, entidades y docentes puede dar respuesta a las nuevas necesidades de formación, apoyo o elección de materiales y propuestas pedagógicas relacionadas con el trabajo de la diversidad familiar.

Además del enfoque en el rendimiento académico, hay una mayor atención al bienestar integral de los alumnos, incluyendo aspectos emocionales, sociales y de salud mental. Las escuelas y las familias en muchas ocasiones colaboran para abordar las necesidades emocionales y sociales de los estudiantes, proporcionando recursos y apoyo para promover un desarrollo saludable en todas las áreas de la vida de los niños.

Socialmente nos encontramos ante un momento en que las personas viven el concepto del tiempo desde una perspectiva distinta. Damos valor al tiempo para la individualidad más allá del trabajo, para la familia y para el placer. Esto implica que todo aquello que nos facilite el ahorro de tiempo será bien recibido, ya que es como estamos acostumbrados a vivir. El valor del tiempo es cada vez más alto por parte de las familias.

Si buscamos ejemplos en el mundo actual donde el factor de «consumo de tiempo» se vea claramente reflejado en nuestras vidas podemos verlo en el tipo de comida que se consume (comida elaborada, *takeaway*, que nos la traigan a casa), la selección en la reproducción de música (pasamos de comprar discos y CD a consumir listas infinitas y tener acceso a toda la música existente), disponibilidad de adquirir cualquier producto y tenerlo en casa en un período breve de tiempo, tener atención telefónica y a distancia de cualquier servicio (telefonía, banca, servicios domésticos...) y un largo etcétera de ejemplos que en nuestro día a día nos hacen consumidores con altas expectativas y poca tolerancia cuando el servicio no es el adecuado.

Dado que somos la misma persona cuando consumimos cualquier servicio, en este caso escolar, tenemos el mismo nivel de exigencia ya que llegamos al servicio con altas expectativas y demandamos tiempo, tecnificación y relaciones de pertinencia. Las familias desempeñan un papel activo y significativo como consumidoras de servicios escolares, tomando decisiones informadas sobre la educación de sus hijos, participando en la vida escolar y colaborando con la escuela para garantizar el éxito académico y el bienestar de los estudiantes.

Antes de continuar, os propongo que como centro, para conocer quiénes son vuestros «clientes», os hagáis las siguientes preguntas:

⇨ ¿Qué edad media tienen nuestras familias?
⇨ ¿Cuántos hijos tienen?
⇨ ¿En qué ámbito laboral trabajan? ¿Conocemos su profesión?
⇨ ¿Qué relación tienen con la tecnología?
⇨ ¿Disponen de flexibilidad horaria?

Estos elementos nos ayudarán a situar a nuestra población para poder entender qué nos piden y qué necesitan. Con los datos recogidos podremos identificar que no es lo mismo un centro donde la edad media de las familias sea de 20-30 años, respecto a uno con la media en los 40, ya que socialmente lo que esperamos de la educación con 25 años no es lo mismo que con 40, nuestras experiencias personales y laborales también son diferentes y la forma de relacionarnos con las personas, el espacio, los servicios, etc., es absolutamente distinta.

En lo que tiene que ver con el número de hijos, si la mayoría de familias tienen un solo hijo, podremos identificar que tienen altas expectativas, ya que «la preocupación» familiar está centrada en una sola persona, mientras que si son familias con tres, cuatro, cinco hijos, el perfil de los progenitores y el de los hijos será bastante diferente, y las demandas de información, participación, sobre la escuela también cambiarán.

Conocer la profesión, la opción de flexibilidad horaria y demás nos va a permitir pensar en posibles proyectos de colaboración con el centro, presentaciones, proyectos de voluntariado de familias, talleres, etc.

¿Lo teníais contemplado en vuestro centro? ¿Recogéis datos de forma habitual del perfil de familias, de qué demandas tienen?

Si queréis seguir trabajando en este tema, os propongo que busquéis las definiciones generacionales de cada grupo de familias de vuestro centro educativo y cómo estas influyen en el consumo de servicios. Veréis que la generación X y los *millennials* viven y consumen diferente que la generación Z, en muchos aspectos y por distintos motivos. En consecuencia, podremos entender demandas que nos hacen, situaciones de vida que exponen, problemas que podremos encontrar, etc.

3.4. LA ELECCIÓN DE ESCUELA/INSTITUTO

Elegir una escuela donde pasar unos nueve años de educación infantil y primaria y unos cuatro-cinco de educación secundaria obligatoria (más en algunos casos posobligatoria) es un momento importante para la mayoría de las familias y un acto que les lleva a visitar centros, invertir en buscar referentes, tener conversaciones en el seno de la familia y con otras familias y a contactar con una realidad que no siempre es de su ámbito de conocimiento.

En el momento en que las familias quieren acercarse a un centro educativo y obtener información se encuentran con una multitud de *inputs* nada fáciles de entender (desde el mundo educativo se habla de currículos, metodologías, evaluaciones de distintos formatos, materiales, pedagógicos...) difíciles de comparar entre sí y muchas veces sin tener claro cuál es el estándar de calidad que prefieren ante la elección. Puede que factores como los servicios adicionales, los espacios interiores o exteriores, o los materiales que se utilizan sean prioritarios en la elección para algunas familias, mientras que otras lo que quieren es una metodología que se acerque a su modelo de crianza o que naturalice espacios, materiales que prioricen el trabajo de lengua, robótica, matemáticas o plástica o que tenga una determinada ratio profesor-alumno, trabaje los valores de un determinado modo o que la religión sea o no sea una pieza importante dentro el proceso educativo. Las demandas y expectativas de las familias pueden ser muchas y variadas, y seguro que ninguna escuela es la escuela perfecta para sus hijos, lo cual dificulta aún más la búsqueda de colegio.

En este momento no caen en que sus hijos pasan ocho horas al día, cinco días a la semana, 10 meses al año durante aproximadamente 15 años claves para su formación como personas, en un contexto escolar.

71

La elección de centro justifica que busquen una educación de calidad para nuestros hijos y que además se alinee con nuestros valores familiares y personales.

Déjenme poner un ejemplo que siempre utilizo, fruto de mi experiencia como directora de una escuela-instituto durante unas jornadas de presentación del centro para familias: recuerdo haber preparado minuciosamente cada detalle de la sección, información preliminar que reciben las familias sobre el proyecto educativo, la visita por los espacios del centro de mano de algunos profesores y con los alumnos trabajando con normalidad en sus aulas y en sus proyectos y finalmente la clausura del acto en una sala grande con aquellas familias que quisieran aclarar algunos ámbitos o que tuviesen dudas ante alguna de las explicaciones hechas. En aquel momento mi equipo y yo estábamos altamente satisfechos por cómo había transcurrido la tarde, la visita y la explicación en cada espacio del centro (por parte de alumnos y profesores) y justo antes de marcharnos una madre levanta la mano y pregunta «perdón, en el comedor escolar ponen azúcar al yogur?». Supongo que mi cara lo dijo todo en aquel momento. Lo primero que me pasó por la cabeza fue: señora, de todo lo que le hemos contado, de todo lo que ha visto hoy que nos ha supuesto revisar muchos aspectos de nuestro proyecto, de ver cómo lo contábamos para hacerlo comprensible a las familias y de la visita por el centro en pleno funcionamiento, usted escogerá escuela por si ponen azúcar al yogur? Naturalmente tomé aire, respiré profundo y le contesté «ahora mismo no tengo esta información pero la asociación de familias tiene una comisión de comedor donde se puede participar y hacer llegar asuntos de esta magnitud para trabajar en su mejora, y estoy segura de que estarán encantados de contar con su opinión y su experiencia».

No me lo podía creer, pero sí, así fue. Finalmente, esta familia matriculó a sus hijos en nuestra escuela y un día le conté la anécdota personalmente de cómo me sorprendió una pregunta como la suya; supe entonces que ella era enfermera nutricionista altamente preocupada por la alimentación y que encontrar un lugar donde poder aportar su experiencia y donde sus hijos pudieran compartir los valores de la alimentación saludable para ella era muy importante. Naturalmente trabajó incansablemente con la comisión de familias del comedor escolar hasta conseguir un cambio en los menús escolares para que estos fuesen más equilibrados y adaptados a las nuevas directrices nutricionales.

Vemos en este ejemplo cómo las familias no buscan solamente un lugar para educar a sus hijos en lectura y matemáticas; hay un tipo de familias que buscan un proyecto que se asimile a su proyecto de vida, de crianza y de forma de salud. Por tanto, familias que tienen expectativas de participación y de pertenencia a una comunidad, cosa que enriquece a las propias familias, pero sobre todo a la comunidad donde se encuentran.

Una vez descrito el contexto como elemento que nos lleva a comportarnos de una forma determinada en relación a los servicios que utilizamos, y concretamente en el servicio educativo, debemos ver que factores como la elección de escuela donde llevar a nuestros hijos no depende solo de factores como dónde vivo o qué escuela me queda más cerca, dado que en muchos lugares las familias tienen la opción de elegir entre diferentes tipos de escuelas, ya sean públicas, privadas, religiosas, *charter* o alternativas. La elección de la escuela puede basarse en una variedad de factores, como la reputación académica, las instalaciones, las políticas educativas, la ubicación geográfica y las preferencias personales de la familia.

Antes de escoger centro educativo para sus hijos, las familias a menudo investigan y evalúan las escuelas disponibles antes de tomar una decisión. Pueden recopilar información sobre las calificaciones académicas, las tasas de graduación, los programas extracurriculares, las políticas de disciplina, las instalaciones, las opiniones de otros padres y cualquier otro factor relevante para determinar si una escuela satisface las necesidades y expectativas de su familia. De hecho, según datos de Miquel Rossi, experto en *branding* educativo, entre el 80 % y el 85 % de las familias que se acercan a un centro educativo para inscribir a sus hijos han hablado como mínimo tres veces anteriormente con otras personas de la comunidad educativa.

El informe de PISA 2023, ante la pregunta de ¿qué valoran las familias sobre la escuela de sus hijos?, apunta que el 56 % de las familias valora la calidad de los profesores, el 55 % la conveniencia y el 40 % la seguridad.

Debemos señalar que la calidad de los profesores pasa por su formación, su implicación y su relación tanto con sus alumnos como con las familias. Porque las familias quieren, necesitan y demandan mantener una comunicación regular con la escuela para mantenerse informadas sobre el progreso académico y el bienestar de sus hijos. Esto puede implicar reuniones con maestros, comunicaciones por correo electrónico, llamadas telefónicas, portales en línea para padres y cualquier otro medio de comunicación que la escuela ponga a disposición de las familias.

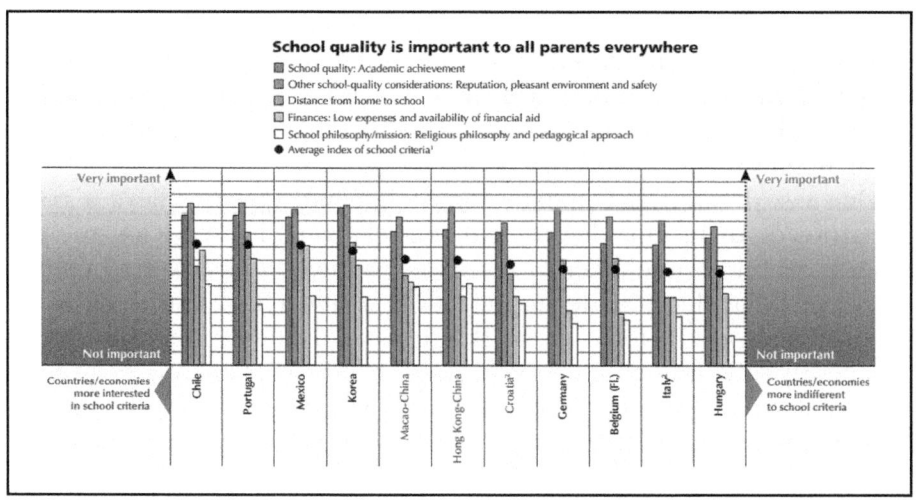

Fuente: extraído de https://www.oecd.org/pisa/pisaproducts/pisainfocus/PIF-51(eng)-FINAL.pdf

Figura 3.1.   La calidad escolar es importante para todos los padres en todo el mundo.

Curiosamente, muchos padres parecen preocuparse más por un ambiente agradable y la reputación de una escuela que por el rendimiento académico. Los padres asignan menos importancia al rendimiento académico que a la reputación de la escuela, tener un clima escolar agradable o contar con un entorno escolar seguro, este último de lejos es el factor más importante para los padres en todos los sistemas escolares, excepto en Bélgica. El hecho de que muchos padres consideren la seguridad como su principal preocupación al elegir una escuela para sus hijos puede reflejar la creciente ansiedad de estos sobre el acoso escolar y la violencia en y alrededor de las escuelas.

En la elección de centro educativo vemos que el factor económico en muchos contextos es determinante. La mayoría de los padres desearían que sus hijos asistieran a la mejor escuela, pero no todos pueden permitirse considerar únicamente la calidad de la escuela. Los resultados del PISA 2012 muestran que, en comparación con los padres más privilegiados, los padres socioeconómicamente desfavorecidos asignan una mayor importancia a consideraciones financieras al elegir una escuela para su hijo, a menudo en detrimento de criterios que se centran en la calidad de la escuela. Por ejemplo, la diferencia en la proporción de padres desfavorecidos que consideran que la reputación de una escuela es muy importante y la proporción de padres privilegiados que lo hacen es de 16 puntos porcentuales, en promedio en los 11 países que distribuyeron el cuestionario a los padres. Las diferencias entre estos dos grupos de padres también son notables cuando se consideran otros criterios, como la calidad y seguridad del entorno escolar y el rendimiento académico en la escuela.

3.5. TIPOLOGÍA DE FAMILIAS ANTE LA ELECCIÓN DE CENTRO EDUCATIVO

La composición familiar, su situación emocional, económica, laboral y su propia historia de vida marcan la elección de escuela. Esta puede variar según la tipología de las familias y sus necesidades individuales: el factor contexto social, económico y cultural tiene una relación directa con lo que las familias esperan del centro educativo.

En lo que se relaciona con factores económicos (muchas veces asociados también a factores socioculturales), vemos que las familias con ingresos altos pueden elegir entre una variedad de opciones escolares, como escuelas públicas, concertadas o privadas, internacionales o con programas especializados. A menudo priorizan la calidad académica, las instalaciones y las oportunidades extracurriculares al tomar decisiones sobre la educación de sus hijos.

Por otro lado, las familias de ingresos medios pueden buscan opciones escolares que ofrezcan una combinación de calidad académica, costes asequibles y ubicación conveniente. Pueden considerar escuelas públicas, *charter*/concertadas o privadas que se ajusten a sus necesidades financieras y educativas.

En cambio, las familias con recursos financieros limitados pueden tener menos opciones disponibles en términos de escuelas y pueden depender más de aquello cercano y económico. Tienden a priorizar la accesibilidad, la calidad educativa y los recursos adicionales disponibles en la escuela, como programas de almuerzo gratis o reducido, becas comedor y servicios de apoyo académico.

Más allá de estas circunstancias, encontramos también factores sociales o culturales que influyen en la decisión sobre dónde escolarizar. La religión puede ser un factor clave para algunas familias (tanto por ausencia como por presencia), así como el proyecto educativo vinculado a saberes como la robótica, las artes o el conocimiento de idiomas.

En la literatura referente a la tipología de familias y sus prioridades en la elección de escuela, en 1996 Londres Ball et al. describen tres grupos diferentes de familias:

⇨ *Privileged skills*

- Estas familias tienen un elevado capital económico y cultural.
- Valoran los resultados académicos y la capacidad de adaptación de sus hijos.
- Pueden buscar escuelas que ofrezcan programas educativos rigurosos y una amplia gama de oportunidades extracurriculares.
- Priorizan la excelencia académica y pueden estar dispuestos a invertir recursos adicionales en la educación de sus hijos.

⇨ *Semi-Skilled*

- Estas familias valoran principalmente la reputación del centro educativo.
- Pueden buscar escuelas que tengan una buena reputación académica y una trayectoria exitosa en la preparación de estudiantes para el éxito académico y profesional.
- La calidad educativa y el prestigio del centro pueden ser factores decisivos en su elección de escuela.

⇨ *Disconnected*

- Estas familias tienen un capital cultural más bajo.
- Valoran la proximidad al domicilio y la facilidad de conciliación con la vida laboral.
- Pueden priorizar la conveniencia y la accesibilidad en su elección de escuela, optando por escuelas cercanas que faciliten el transporte y la participación de los padres en la vida escolar de sus hijos.
- La atención a las necesidades prácticas y logísticas puede ser más importante que las consideraciones académicas o de reputación del centro.

En la misma línea, en un estudio de 2010-2012 en Barcelona, Alegre et al. (2012) describen igualmente tres grupos de familias:

⇨ **Familias maximizadoras**

- Estas familias están altamente preocupadas por los procesos y resultados académicos de sus hijos.

- Tienen altas expectativas en términos de rendimiento escolar y se esfuerzan por maximizar el potencial educativo de sus hijos.
- Pueden buscar escuelas con un enfoque riguroso en la enseñanza y el aprendizaje, así como programas académicos avanzados.
- Valorarán la calidad académica y los logros educativos al tomar decisiones sobre la elección de escuela.

⇨ **Garantistas**

- Estas familias suelen estar preocupadas por la educación de sus hijos y tienen un papel activo en la elección de centro educativo.
- Valorarán la reputación del centro, la calidad de la enseñanza y los resultados académicos.
- Pueden buscar garantías de que la escuela elegida proporcionará un entorno seguro, inclusivo y enriquecedor para sus hijos.
- Tendrán en cuenta las opiniones de otros padres, las calificaciones escolares y la disponibilidad de recursos educativos al tomar decisiones.

⇨ **Desplazadas**

- Estas familias tienen poco o ningún conocimiento clave en el ámbito educativo y pueden sentirse desplazadas en el proceso de elección de escuela.
- Pueden no estar familiarizadas con los criterios de selección de escuela o tener acceso limitado a recursos educativos.
- Es posible que busquen orientación y apoyo externo, ya sea de profesionales de la educación, servicios comunitarios o familiares y amigos, para tomar decisiones informadas sobre la educación de sus hijos.

En el informe PISA titulado *¿Qué buscan los padres en la escuela de sus hijos?*, de 2015, vemos que la importancia que una familia da a la educación de sus hijos y a la elección de centro educativo está, según PISA, altamente relacionada con los resultados académicos de los alumnos.

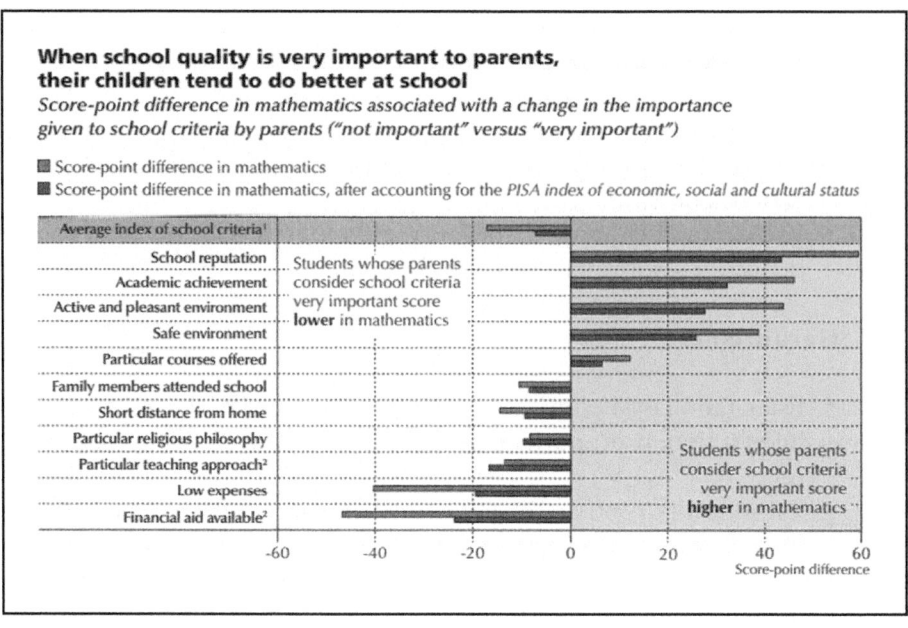

When school quality is very important to parents, their children tend to do better at school
Score-point difference in mathematics associated with a change in the importance given to school criteria by parents ("not important" versus "very important")

■ Score-point difference in mathematics
■ Score-point difference in mathematics, after accounting for the *PISA index of economic, social and cultural status*

FUENTE: extraído de https://www.oecd.org/pisa/pisaproducts/pisainfocus/PIF-51(eng)-FINAL.pdf

Figura 3.2. *Cuando los padres dan importancia a la calidad de la escuela, sus hijos tienden a tener un mejor desempeño en sus estudios.*

Lo que nos muestran estos datos es que la mayoría de las familias se preocupan profundamente por la educación de sus hijos. Pero, cuando se les ofrece a los padres la opción de escuela, ¿se benefician todos los niños por igual? Si el resultado final de la elección de escuela es una mayor segregación entre ricos y pobres, entonces el sistema escolar en su conjunto pierde. En el momento en que las familias valoran el rendimiento académico por razones financieras, se resiente el sistema educativo, pero se resiente sobre todo la escolarización de sus hijos.

3.6. CRITERIOS FAMILIARES QUE CONDICIONAN LA ELECCIÓN

Si nos fijamos en los datos analizados por parte de una empresa de buscadores de colegios (https://www.micole.net/) que analizan los datos de más de 200.000 recomendaciones de escuelas y colegios en España, se recoge que:

⇨ Quien se preocupa mayoritariamente de buscar información sobre los centros educativos para sus hijos son las mujeres (en un 85 % de las búsquedas).

⇨ El 65 % de las personas que buscan colegio tienen entre 30 y 40 años.

⇨ El presupuesto medio por hijo está entre 100 y 200 € mensuales en escolarización.

⇨ El 62 % de las familias tienen un hijo.

⇨ El 30 % tienen dos hijos.

⇨ Solo el 8 % tienen más de dos hijos en el momento de elegir escuela.

⇨ El 93 % de las búsquedas se hacen a través del móvil.

⇨ Los días que más búsquedas se hacen son los miércoles y los domingos entre las 19:00 horas y las 23:00 horas.

En cuanto a preferencias de búsqueda, es importante tener en cuenta algunos datos que pueden hacer que un centro educativo sea una opción posible para algunas familias, mientras que sea directamente descartado por otras:

⇨ El 80 % de las familias quieren un colegio a menos de 5 km de su domicilio.

⇨ El 90 % buscan plaza para educación infantil (por tanto, entre dos-cuatro años).

⇨ En cuanto con la titularidad:

- El 67 % optan por un centro público.
- El 26 % optan por un centro concertado.
- El 7 % optan por colegios privados.

⇨ En relación con la religión:

- El 52 % de las familias están abiertas a cualquier opción.
- El 29 % quieren un colegio laico.
- El 19 % prefieren alguna opción religiosa.

⇨ El 78 % de las familias quieren que el centro disponga de comedor (con preferencia a escuelas donde se dispone de cocina o se pueda llevar la comida de casa).

⇨ Un 22% solicitan que el colegio disponga de transporte escolar (pudiendo llegar al 80% de prioridad en algunas zonas de difícil acceso por distancia o por situación del tránsito habitual).

⇨ Un 64% valoran muy positivamente que se organicen actividades extraescolares (y las más valoradas son idiomas, robótica y deporte).

Con el detalle de estos datos y teniendo en cuenta cómo las familias llegan a conocer nuestra escuela antes de llegar a nosotros (por redes, por conversaciones y recomendaciones y por visitas), es imperativo que los centros educativos, sobre todo ante un escenario de decrecimiento de la natalidad, entiendan que tener un plan de comunicación organizado, coherente y bien estructurado es una necesidad cada vez más imperante, no solamente para comunicar a las potenciales familias, sino —y sobre todo— para generar confianza y vínculo con las familias que actualmente forman parte de nuestra comunidad educativa.

De cada cinco alumnos uno de ellos vendrá porque tiene un hermano, porque su familia vino a esta escuela o porque vive delante y no es prioridad escoger escuela, sino que lo es tener a sus hijos escolarizados.

De estos cinco, tres de ellos (lo que supone entre el 80%-85%) vendrán recomendados por otras familias, tendrán referencias por parte de otras familias, que normalmente se hace de forma presencial. Es lo que habitualmente en mis formaciones llamo «el marketing del parque de enfrente de la escuela» o el «marketing de barrio».

Las familias que tengamos fidelizadas, que estén altamente satisfechas por nuestros servicios (altamente satisfechas, no solo «normalmente»), vinculan emocionalmente los proyectos educativos con las familias. En todos los momentos escolares tenemos oportunidad de generar satisfacción y confianza, pero sobre todo tenemos oportunidad de hacerlo en los momentos que tenemos un problema, un conflicto, una crisis. Los momentos en que podamos resolver alguna situación, sea la que sea, debemos hacerlo con la máxima profesionalidad posible; por estos motivos las familias nos valorarán mejor y probablemente lo comentará con sus conocidos. En el momento en que escuchemos, cuando vean que queremos trabajar con ellos para solucionar problemas relacionados con el espacio educativo, los resultados académicos, pero también extraescolares y, si podemos, sociales (dar soporte en gestión de becas, problemas de papeleo, empadronamiento, etc.) estaremos construyendo una relación de confianza y compromiso que nos permitirá no solo fidelizar a nuestros clientes, sino también generar un impacto positivo en su experiencia y en la comunidad educativa en su conjunto.

Uno vendrá porque ha conocido nuestro proyecto, le hemos seducido en las sesiones de presentación del centro o por redes sociales.

Todo aquello que hagamos que sea excepcional, será lo que hará que una familia altamente satisfecha hable bien de nosotros fuera del centro educativo.

Las referencias negativas en cambio, por pequeñas que sean, si no se gestionan de una forma adecuada, generan un ruido muy grande.

3.7. LA CLASE MEDIA COMO GRUPO DE DECISIÓN EN LA ELECCIÓN DE CENTRO

El estudio reciente de Xavier Bonal (2024), localizado en la ciudad de Barcelona, en tres barrios de características socioeconómicas y culturales distintas (zona de captación gentrificada[1], zona heterogénea y zona vulnerable), respecto a la elección de centro educativo, describe que las clases medias no solo son activas, sino que están casi obsesionadas con la idea de elegir escuela para sus hijos (Butler y Hamnet, 2011). Estas familias acostumbran a movilizar todo tipo de recursos (económicos, sociales e informativos) y revisar activamente el mercado educativo para recoger la cantidad máxima de evidencias posibles para garantizarse una elección escolar adecuada.

En estudios anteriores (Bourdieu y Passeron, 1990) se determina que las clases medias toman decisiones sobre su residencia habitual con base en estrategias de inversión educativa, porque el papel central que juega la adquisición de capital cultural en la reproducción social y cul-

---

[1] La «zona de captación gentrificada» es un término que se refiere a un área geográfica donde se está produciendo un proceso de gentrificación. La gentrificación es un fenómeno urbano en el cual un barrio o una zona de una ciudad, que históricamente ha sido degradada o de bajos ingresos, experimenta un proceso de revitalización y renovación. Este proceso a menudo conlleva un aumento en los precios de la vivienda y el coste de vida, así como cambios en la composición demográfica y cultural de la zona.

La «zona de captación» se refiere al área geográfica que está siendo objeto de análisis o estudio, generalmente en el contexto de mercadotecnia, investigación de mercado o desarrollo urbano.

Por eso, cuando se habla de una «zona de captación gentrificada», se está haciendo referencia a un área donde se están observando signos de gentrificación, como el aumento de los precios de la vivienda, la llegada de residentes con mayores ingresos, la renovación de edificios y la apertura de nuevos negocios que apuntan a un público más adinerado. La gentrificación puede tener diversos impactos en la comunidad, tanto positivos como negativos, y suele ser objeto de debate entre los planificadores urbanos, los residentes locales y otros actores involucrados en el desarrollo de la ciudad.

tural de dicha clase mediana hace de la elección escolar una inversión estratégica y decisiva.

Hablamos de «clase media» en primer lugar porque es la más significativa en número en lo que se relaciona con la elección de centro educativo. La clase alta rige su elección por parámetros distintos y en este caso no entramos a analizarlos, igual que con la clase media-baja o baja.

En el estudio de Bonal (2024) en las zonas gentrificadas, las familias de clase media (mayoritariamente profesionales liberales) consideran que la escuela pública de su zona tiene buena reputación, por tanto escolarizan a sus hijos en estos centros. Dentro de esta elección se encuentran criterios como el proyecto educativo, que engloba el trabajo globalizado y competencial y la defensa de los servicios públicos como bienes comunes entre otros factores. En los casos en que no se opta por la escuela pública de la zona, se justifica por la búsqueda de una metodología más tradicional o la elección de una escuela religiosa alineada con las creencias familiares.

Del mismo estudio se desprende que en una zona con población social y culturalmente heterogénea, con una población escolar de nivel mayoritario socioeconómicamente bajo, se da que en algunas escuelas se matricula un gran número de alumnos inmigrantes y vulnerables, mientras que otras escuelas acogen alumnos relativamente ricos. La segmentación del mercado educativo local hace que la elección sea un factor determinante, visto como una decisión arriesgada para las familias de clase media. En estos casos, las familias perciben que el riesgo es la posibilidad de no acceder a su primera opción y en consecuencia que les den una asignación educativa en un centro con composición social inferior. Para no encontrar estas dificultades durante el proceso, las familias de clase media optan por escolarizar directamente fuera del barrio, o bien por escuelas privadas concertadas, para evitar centros educativos con altos niveles de inmigración y población vulnerable. En cambio, las que se quedan en el barrio controlan con precisión sus elecciones de centro para minimizar los riesgos (escogiendo escuelas públicas con enfoques pedagógicos innovadores que tienen una composición social más favorable). Otra prioridad para las familias de clase media suelen ser las escuelas cercanas a parques y espacios naturales y sobre todo los centros educativos que priorizan el aprendizaje centrado en el alumno y las pedagogías más innovadoras.

Por su parte en las zonas obreras, donde hay una alta presencia de población inmigrante y donde la renta per cápita es un 30 % inferior a la media de la ciudad, encontramos un déficit de plazas educativas (capacidad para escolarizar el 54 % de los alumnos en edad escolar del barrio) y a pesar de este déficit de plazas apreciamos que se matricula solo el 42,4 % de los alumnos del barrio. En este caso, por lo que atañe a las familias de clase media, vemos que su opción educativa incluye la exclusión de los centros de su barrio, optando por escuelas públicas o concertadas en zonas de influencia cercanas. Apreciamos también que en la elección de escuela estas familias optan por zonas mejor comunicadas con transporte público, donde el clima escolar y la calidad educativa sean como sus propias experiencias educativas y donde el estatus social sea mayoritariamente de clase media. En muchas ocasiones estas familias no se encuentran comprometidas con el barrio y por tanto perciben como viable cualquier opción educativa para mejorar las oportunidades educativas de sus hijos.

Vemos pues que las familias de clase media estarían dentro de los grupos anteriormente nombrados como el grupo de familias maximizadoras, garantistas o *privileged skilled* o *semi-skilled*.

3.8. LA CAPTACIÓN DE ALUMNOS Y FAMILIAS

En muchos sistemas educativos durante años se ha vivido un crecimiento de la población que ha hecho que no existiera la preocupación por captar alumnos y familias.

En algunas escuelas privadas o concertadas *(charter)* siempre se ha identificado la necesidad de llenar las aulas, ya que se conoce el coste de tener una silla vacía.

En el contexto actual este hecho está llegando también a la escuela pública, ya que esta durante muchos años ha tenido garantizada la población, pero en un escenario de descenso de la natalidad su realidad puede cambiar hasta llegar a suponer la pérdida de grupos clase, y por tanto de profesores y finalmente la pérdida de un proyecto educativo. Tengamos claro que la administración en el momento de decidir si cerrar o no una escuela se acogerá a parámetros que nada tendrán que ver con la calidad de un proyecto educativo; partirá del número de demandas de familias, de los datos de natalidad del municipio o del área de influencia y de ver si dispone de plazas cercanas en algún otro centro o no. Sea como sea, raramente pensarán «tenemos un proyecto maravilloso, donde las familias no se inscriben pero vamos a mantener el centro abierto».

Vemos aquí la importancia de generar cultura de escuela, de controlar aquello que se dice de nosotros y de saber cómo y por qué las familias nos escogen a nosotros o a otros. En consecuencia, tendremos que poner atención en cómo se concreta la demanda de la sociedad en nuestro contexto inmediato si queremos mantener nuestra escuela viva y que sea altamente deseada.

3.9. LA IMPORTANCIA DE LA COMUNICACIÓN EN LOS PROCESOS DE CAPTACIÓN

Como hemos apuntado anteriormente, uno de cada cinco alumnos vendrá porque tiene un hermano, porque su familia vino a esta escuela o porqué vive delante y no es prioridad escoger escuela, sino que lo es tener a sus hijos escolarizados.

El resto, por tanto cuatro de ellos (lo que supone entre el 80-85%), vendrán recomendados por otras familias, tendrán referencias por parte de otras familias, que normalmente se hace de forma presencial. Quizá alguno vendrá sin conocernos previamente, habiendo visitado el centro educativo y nuestra web o mediante entrevista con la dirección, pero será las menos de las veces.

Es decir, la mayoría de las familias **no** llegan a nuestro centro sin saber nada sobre nosotros. Han leído nuestra página web, han visto nuestras redes, han leído opiniones sobre nosotros e incluso han hablado con docentes (actuales o anteriores), familias, exalumnos, etc. Por lo tanto, comportarnos como si viniesen a conocer de cero nuestro proyecto es un grave error, ya que menosprecia y no da valor a lo que ya saben sobre nosotros y sobre la educación en general.

Una vez que una familia ha seleccionado una escuela para sus hijos, pueden y quieren participar activamente en la vida escolar a través de eventos, actividades extracurriculares, reuniones de padres y maestros, y otras iniciativas de participación comunitaria. Su participación ayuda a fortalecer la conexión entre la familia y la escuela, así como brindar apoyo adicional a los estudiantes y generar un claro sentimiento de pertenencia a una comunidad educativa. Por ende, debemos tener en cuenta que en algunas ocasiones las familias no solo buscan colegios para sus hijos, sino que también focalizan en un lugar familiar, de relación entre adultos, un espacio agradable que acompañe a su modelo de familia en crianza y educación.

Tener este aspecto en cuenta y vincular las familias que actualmente tenemos en nuestro centro educativo con el proyecto, que se sientan parte de la comunidad educativa y que tengan su espacio de reconocimiento hará que hablen de nosotros a otras familias desde su experiencia, desde su vivencia y desde su percepción. Como apunta Seth Godin (2018), a los humanos nos gusta contar historias verídicas, establecer relaciones y crear experiencias; si desde la escuela somos capaces de hacerlo con nuestras familias y nuestros alumnos, ellos contarán nuestras historias y crearán experiencias en el entorno facilitado por nosotros, en nuestra comunidad educativa.

En la actualidad nos informamos de muchas y distintas formas, gracias a los avances tecnológicos y la amplia disponibilidad de fuentes de información. Los medios más comunes son todavía los medios de comunicación tradicionales. Aunque su influencia ha disminuido con la llegada de nuevas tecnologías, la televisión, la radio y los periódicos todavía desempeñan un papel importante en la forma en que nos informamos. Los noticieros de televisión, los programas de radio y los periódicos impresos y digitales proporcionan noticias, análisis y cobertura de eventos actuales.

Claro está que internet ha revolucionado la forma en que accedemos a la información. Los sitios web de noticias, blogs, agregadores de noticias y redes sociales nos permiten acceder a una amplia gama de fuentes de información en tiempo real. Plataformas como Google News, Reddit, Twitter y Facebook son utilizadas por muchas personas para mantenerse al día con las noticias y los eventos actuales. Existen numerosas aplicaciones móviles dedicadas a proporcionar noticias y contenido informativo que permiten a los usuarios personalizar sus fuentes de noticias, recibir notificaciones sobre informaciones de última hora y acceder a contenido multimedia, todo desde sus dispositivos móviles.

Los pódcast se han vuelto cada vez más populares como una forma conveniente de acceder a contenido informativo y de entretenimiento. Hay una amplia variedad de estos, dedicados a noticias, política, ciencia, tecnología, cultura, salud, bienestar emocional y otros temas de interés.

Además de las fuentes de noticias generales, muchas personas también recurren a fuentes especializadas para obtener información sobre temas específicos. Estas pueden incluir revistas especializadas, publicaciones académicas, informes de investigación, foros en línea y comunidades de expertos.

Y no podemos desestimar que las plataformas de redes sociales desempeñan un papel importante en la difusión de noticias e información. Aunque es importante tener en cuenta la veracidad y la confiabilidad de la información en las redes sociales, estas plataformas pueden ser una fuente rápida y accesible de noticias y actualizaciones sobre eventos actuales. En determinadas franjas de edad este es el medio por el cual se recibe más información, dado que la población joven y de mediana edad lo consume prácticamente a diario. Datos recientes apuntan que en 2024 redes sociales como Facebook cuentan con 3,05 billones de usuarios, WhatsApp 2,78 billones, YouTube 2,49 billones, Instagram 2,04 billones, WeChat 1,32 billones, TikTok 1,22 billones o Telegram 800 millones.

Así, nuestra opinión sobre un ámbito ya no depende solo de nuestros estudios o conocimientos previos, sino que es muy habitual que generemos opinión del mundo educativo a través de noticias, titulares, eventos, actos, opiniones de otros, etc., a través de redes sociales y de conversaciones con otras personas que al mismo tiempo se informan como nosotros.

Recientemente el director de un gran centro del área de Barcelona me dijo: las familias tienen mucha información que les genera una opinión, pero tienen poco conocimiento del ámbito educativo más allá de titulares o percepciones. Quienes debemos ordenar y dar explicaciones de qué hacemos en el centro, cómo lo hacemos y qué motiva que lo hagamos de una forma u otra somos los profesionales que trabajamos en él. Poder justificar, basándonos en datos y evidencias, nuestra motivación ante la elección de determinadas metodologías, materiales, propuestas pedagógicas, prácticas educativas, da coherencia y sobre todo confianza en que lo que estamos haciendo está bien.

Y en relación con el servicio educativo, las familias necesitan justamente esto: confiar. Y esta confianza se da cada día, no el día de puertas abiertas o visitas al centro, no el día en que recibimos el álbum o asistimos a un festival, la relación y la percepción de seguridad, coherencia y tranquilidad se forjan a diario con las familias que forman parte de nuestra comunidad educativa.

Recientemente hice una mentoría de acompañamiento a un centro educativo de secundaria que a pesar de tener cinco escuelas adscritas de primaria (cosa que implica que durante los procesos de preinscripción se hace alguna actividad con estas escuelas y que, además, los alumnos tienen alguna puntuación extra para garantizar la plaza en un instituto adscrito), tenía solamente una media de entre 15-18 solicitudes de matriculación en primera opción.

Al hacer el diagnóstico de la situación vimos que no era que no tuvieran buenos proyectos o que no obtuvieran buenos resultados, el problema que tenían consistía en que eran un instituto inexistente en las mentes de las familias, los alumnos y los profesores de primaria. Empezamos a trabajar en un plan de comunicación que implicaba coordinaciones con las direcciones de los centros de primaria, visitas de docentes de instituto a las escuelas de primaria y viceversa, coordinación de proyectos y actividades entre alumnos para compartir espacios y proyectos. Trabajar de forma conjunta era una necesidad, pero lo más importante que hicimos fue comunicarlo. Trabajar en cómo informar a familias y docentes del proyecto que iniciamos, cómo recurrentemente en sus webs o *newsletters* daríamos información a familias, qué saldría de los encuentros conjuntos entre alumnos, y qué observaron y cómo darían *feedback* los profesores de sus visitas y estancias en los centros de primaria o secundaria. Además, todo esto lo culminamos con un café pedagógico en el centro de secundaria, donde los docentes y las familias compartían dudas, temores, preguntas y propuestas de trabajo.

¿Podéis adivinar el resultado de todas estas actuaciones en un solo curso? Pues os sorprenderá: el instituto pasó de 15 solicitudes en primera opción a 78 en un solo curso, sin cambiar nada de su proyecto educativo. ¿Cómo? Comunicando su propuesta de valor, explicando aquello que ya hacían, haciéndose visibles, generando vínculo y confianza entre alumnos, docentes y familias. Porque, como siempre digo, no se puede confiar en aquello que no se conoce.

4. LA HISTORIA QUE SE CUENTA DE NOSOTROS

Todos nos contamos historias. Creamos aquello en lo que creemos, aquello que mueve nuestras acciones.

Como dice Bernadette Jiwa (2013), las historias son la tecnología más persuasiva, y además a través de las historias contamos nuestras verdades.

Pensad en cualquier servicio que hayáis comprado recientemente: un restaurante, música... qué os ha llevado a adquirirlo y qué habéis hecho con ello a continuación. Seguramente llegasteis a consumirlo porque alguien os contó que la comida allí estaba buena, o que el último disco de un artista era genial; y muy probablemente al salir de la comida habéis hablado con alguien de lo genial que era el lugar o del sabor de la comida. Todo son historias, relatos que llevan a alguien a actuar.

Y así es como nos relacionamos, a través de nuestras historias, que reflejan y mueven nuestros valores y al mismo tiempo hacen que otras personas actúen a partir de las historias que contamos nosotros. Si hubiésemos salido del restaurante y decimos que la comida y el servicio eran terribles, hubiésemos provocado alguna acción diferente de nuestros amigos que querían buscaban un lugar para comer.

Lo mismo sucede con la educación. Todos hemos pasado por la escuela o el instituto, todos leemos noticias sobre educación y creemos tener una opinión fundamentada sobre ello. Esta es nuestra historia, este es nuestro relato.

4.1. EL RELATO DE CENTRO

En el momento en que hablamos de relato, estamos hablando de una historia que se cuenta, en inglés se llama *storytelling*.

En la literatura relacionada con la organización de centros educativos se habla de este concepto muchas veces en relación a la cultura de centro o de institución.

Algunas definiciones de cultura educativa institucional son las siguietes.

González (1992): la cultura organizativa es una dimensión que engloba a todas las demás y que está constituida por el conjunto de creencias, supuestos prácticos (muchas veces inconscientes), normas implícitas, sentimientos, etc., sobre las personas, la educación y la forma más adecuada de hacer las cosas, resolver problemas, trabajar..., de relacionarse dentro de la escuela.

Municio (1988): la cultura es el conjunto de valores, creencias y principios que guían una organización y la diferencian de las demás. Representa un sistema de actuación con un significado claro y bien definido para sus miembros, la cual implica ciertos supuestos sobre la naturaleza de las personas, sobre las relaciones sociales, sobre el trabajo y sobre el sentido y la finalidad de la propia institución. Todas las organizaciones tienen una cultura dominante que refleja los valores básicos compartidos por la mayoría de sus miembros, a pesar de que las grandes organizaciones también tienen subculturas que reflejan los valores de grupos minoritarios, como pasa en cualquier sociedad.

Según Bryk y Schneider (2002), *Trust in schools: A core resource for improvement,* Russell Sage Foundation: «la confianza relacional es la base sobre la cual se construye una cultura escolar efectiva». Por tanto, entienden que la confianza entre maestros, estudiantes, padres y administradores es crucial para el desarrollo de una cultura escolar saludable y productiva. Lo que se cuenta a partir de tener este círculo de confianza es el relato que se tiene de la institución.

Tomas (2007) apunta la importancia de la comunicación educativa dentro de la cultura de centro: «la comunicación es un elemento esencial en la dinámica de los centros educativos. No solo facilita la transmisión de información, sino que también contribuye a la creación de un clima de confianza y colaboración, fundamental para el desarrollo integral de los estudiantes y la mejora continua de la institución».

Cuando nos referimos a *relato de centro,* es un término que se utiliza en el ámbito educativo para referirse a la narrativa o descripción que una institución educativa ofrece sobre sí misma (en otros ámbitos se llama el *storytelling*), por tanto en cómo la institución se define, a la historia que cuenta de su pasado, su presente y su futuro. Asimismo, hablamos también de la historia que se cuenta de nosotros, por tanto el relato que hacen otros de quiénes somos y cómo trabajamos.

Este relato incluye aspectos como la misión, visión y valores de la escuela, su enfoque pedagógico, programas académicos y extracurriculares, logros, actividades y eventos destacados, así como su cultura escolar y el ambiente de aprendizaje que promueve. Por encima de todo, pero el relato habla de cultura, de valores y de cómo nos sentimos y hacemos sentir. Lo que contamos de nosotros, nuestro *storytelling* educativo, tiene que hablar de futuro y de qué es el éxito para nosotros, de valores educativos como la constancia o la creatividad y de cómo trabajamos cada día para que nuestro objetivo sea compartido con nuestras familias y se vea en el día a día de nuestros actos.

Aquí nos detenemos un momento en un ejemplo bastante ilustrativo con el que me he encontrado recientemente en formaciones que he impartido en escuelas: en el momento de diagnosticar y trabajar con el equipo educativo siempre les pregunto «¿quién comparte el proyecto educativo con las familias?». La respuesta mayoritaria (alrededor del 90%-95%) normalmente es «está colgado en la web del centro» o «el equipo directivo lo comparte en las jornadas de bienvenida o de puertas abiertas». Obviamente estas respuestas me llevan a poder hablar del relato, a decir que no, que nuestro proyecto educativo es nuestro ADN y que lo contamos cada día todas las personas que trabajamos en un centro educativo. Todas es todas: cómo el conserje atiende las familias, cómo damos los buenos días al entrar, cómo hablamos entre nosotros, cómo cuidamos el espacio donde trabajamos...

Un ejemplo que he vivido como profesora de inglés es que durante años he pasado por diferentes aulas. Esto me ha dado la capacidad de poder decir en un minuto en una clase cómo se organiza la maestra, cuál es la cultura dominante sobre el uso del material (los alumnos son autónomos o lo tienen que pedir todo), el orden del cajón normalmente también es el orden de la clase, de cómo se cuelgan las producciones de los alumnos (no entiendo las aulas con los murales mal cortados o torcidos, porque nadie tendría en su casa un cuadro torcido, ¿verdad?, pues la escuela es la segunda casa de todos los que la habitamos cada día).

El relato de centro es una herramienta que nos permite comunicar la identidad y el *ethos* (aquellos rasgos que nos definen) de la escuela a estudiantes, padres, personal educativo y la comunidad en general. Nuestro relato se refiere al carácter distintivo o al conjunto de valores y normas que definen la identidad y la cultura de nuestra institución educativa. Es la ética o el espíritu particular que guía las acciones y las relaciones dentro de la comunidad escolar, influenciando la forma en que se llevan a cabo las actividades educativas y cómo se interactúa entre sí. El *ethos* de una escuela puede incluir valores como la inclusión, la responsabilidad, el respeto, la colaboración, entre otros, que ayudan a dar forma a su ambiente de aprendizaje y a su reputación como institución educativa.

Referente al relato, Seth Godin (2018) afirma que «cuando sabemos qué representamos, no necesitamos competir». En el momento en que encontramos nuestro relato, lo construimos y lo ganamos, dejamos de querer ser como otros, para ser nosotros mismos, reconociendo nuestra historia, nuestros hitos y nuestros errores, para identificar cómo hemos llegado al momento actual.

Bernadette Jiwa (2013) enumera 10 elementos que consiguen los buenos relatos:

1. Nos conectan con el objetivo y la visión que tenemos de nuestra institución.
2. Nos permiten celebrar nuestros puntos fuertes porque nos recuerdan cómo hemos llegado hasta aquí.
3. Profundizan en nuestra comprensión de ese valor único que ofrecemos y que nos diferencia del resto.
4. Refuerzan nuestros valores básicos.
5. Nos ayudan a actuar en línea con nuestros principios y tomar decisiones basadas en valores.
6. Nos animan a responder a nuestra comunidad en vez de reaccionar al mercado.
7. Atraen personas que quieren apoyarnos porque representamos sus valores.
8. Atraen personal para contratar con una mentalidad similar a la nuestra.
9. Construyen fidelidad a la marca y dan a nuestros alumnos, familias y docentes una historia que contar.
10. Nos ayudan a mantenernos motivados y a seguir haciendo un trabajo del que podamos sentirnos orgullosos.

Algunas de las preguntas que deberíamos hacernos para saber cuál es nuestro relato de centro pueden ser:

⇨ ¿Qué emociones hay detrás de lo que sienten las personas que hablan de nosotros?
⇨ ¿Qué vocabulario utilizamos para explicar nuestro proyecto?
⇨ ¿Cómo se transmite cada día nuestro relato a través de nuestras acciones, los materiales que crean los alumnos, sus producciones, los informes o comunicaciones de centro, etc.?
⇨ ¿Qué esperan las familias de nuestra comunidad de nosotros? ¿Qué espera la sociedad de nosotros?

⇨ ¿Cómo estamos mostrando aquello que nos hace diferentes?

⇨ Escoger nuestra escuela, ¿qué beneficios traerá para sus hijos en un futuro?

⇨ ¿Cómo mostramos nuestros valores y creencias a diario a nuestra comunidad?

⇨ Nuestros profesionales ¿qué diferencias aportan al proyecto educativo? ¿Por qué son importantes las personas de nuestro equipo para la institución?

⇨ Nuestras palabras y acciones, ¿cómo nos hacen sentir dentro de nuestra comunidad?

⇨ ¿Qué sentimientos hay detrás de nuestra marca? (el logo, la página web, nuestras imágenes, nuestros vídeos, los documentos que tenemos accesibles, etc.).

⇨ En caso de tener algún problema, ¿nuestra institución busca la manera de dar respuesta? ¿Cómo se sienten las personas de la comunidad ante una situación excepcional?

⇨ ¿Tenemos la certeza de que nuestras comunicaciones o nuestros mensajes llegan en tiempo, forma, discurso, etc., a quienes queremos que lleguen?

⇨ ¿Nuestra comunidad muestra su lealtad a la institución de alguna forma?

Vemos que el fenómeno de la comunicación en educación tiene múltiples variables. La mayoría de ellas tienen que ver con las personas que conforman nuestra institución. Tomas (2007) define los tipos de comunicación como un fenómeno complejo y difícil de ser abordado en su totalidad; por este motivo concreta algunos de los factores que la conforman:

⇨ **Capacidad individual de comunicación técnico-instrumental:** referida a las habilidades de una persona en cuanto al uso del idioma, lenguaje visual, gestual, corporal, canales orales o escritos, medios de comunicación, gestión de medios digitales, etc.

⇨ **Capacidad individual de comunicación humana:** referida a las habilidades de una persona en lo que se refiere a la sensibilidad para conocer e interpretar sentimientos, sensaciones o estímulos provenientes de otras personas.

⇨ **Expectativas de cada profesor respecto a los objetivos del centro.** En este caso se valoran las expectativas individuales

respecto al centro educativo y a los objetivos que se quieren lograr.

⇨ **Predisposición de cada profesor del equipo para trabajar co-
laborativamente.** Conocer la predisposición que tienen cada profesional para compartir con el resto su tarea educativa. Hace referencia a las actitudes iniciales ante las tareas de trabajo colaborativo
o en grupo.

⇨ El **grado de homogeneidad** entre el profesorado en aquello re-
lativo a su formación inicial, permanente y autoformación:

• Formación inicial (de acceso a la profesión).
• Formación permanente: referida a estudios, cursos, seminarios
  de reciclaje y adquisición de nuevas competencias y contenidos
  profesionales.
• Autoformación: referida a actividades de lectura, publicaciones
  pedagógicas, visionado de documentales, participación en formaciones didácticas, conversaciones formales, etc.

Cuando hablamos de comunicación en un centro educativo muchas
veces hablamos de «información». Es cierto que comunicar e informar
son actuaciones distintas, como hemos visto al principio del libro, pero,
en cualquier caso, es importante que determinemos con exactitud qué
entendemos por «información disponible» para un grupo, ya que la calidad de las decisiones del grupo dependerá de quién tiene la información y del tipo de información del que disponga, así como también de
la capacidad comunicativa que tenga el conjunto de personas que forman la institución educativa. En consecuencia, podemos afirmar que la
calidad de la información disponible y cómo esta se hace llegar a cada
una de las partes condiciona la capacidad comunicativa que tendremos
como institución.

Esto nos va a llevar a tomar decisiones sobre qué información tenemos, dónde la almacenamos, cómo decidimos quién puede disponer de
ella y con qué finalidad, qué hacer con aquellos documentos que recogemos en reuniones, evaluaciones, acuerdos de centro, etc. En consecuencia, controlar cómo comunicamos la información, dónde y por qué
canales, con qué finalidad y quién lo hace y para quién será parte de la
clave de gestionar nuestra capacidad comunicativa para obtener aquello
que buscamos.

La comunicación en el desarrollo de proyectos educativos es consi-
derada un elemento clave que puede dificultar, facilitar o imposibilitar

el proceso de creación de cualquier tipo de tarea colectiva dentro de la organización.

Normalmente para conocer el nivel de comunicación en un centro nos ayudaremos de un cuestionario que puede ser creado para cada caso o bien se puede usar algún cuestionario ya elaborado (como el que podemos encontrar en «El diagnóstico del potencial comunicativo de un equipo docente, un instrumento para averiguarlo»).

Una vez conozcamos el nivel de «salud comunicativa» (que personalmente me gusta llamarle «higiene comunicativa»), trabajaremos tomando acuerdos y decisiones para mejorar unos aspectos u otros en función de los objetivos estratégicos que tengamos como institución.

 Aquí os propongo algunas preguntas para elaborar el cuestionario que os ayudarán a identificar el estado de la comunicación en vuestro centro educativo.

HERRAMIENTA DE DIAGNÓSTICO PARA LA COMUNICACIÓN CON LAS FAMILIAS

La comunicación con las familias se refiere al proceso de intercambio de información y mensajes entre la escuela y las familias de los alumnos. Es un componente esencial en la gestión educativa y busca establecer una relación efectiva y constructiva entre la escuela y las familias, promoviendo la participación activa de los padres en la educación de sus hijos.

1. **¿A través de qué canales envías información a las familias del centro?**

   - ¿A nivel formal?
   - ¿A nivel informal?

2. **Eficacia**

Cuando hablamos de eficacia en los canales de comunicación, nos referimos a cómo de bien funcionan los diferentes medios o canales que utiliza una organización para transmitir información de manera fluida, clara y adecuada a sus destinatarios.

2.1. ¿Cómo de efectivos consideras los siguientes canales de comunicación para enviar información a las familias del centro?

   - Correo electrónico.
   - Mensajería instantánea (WhatsApp, Telegram).
   - Reuniones.
   - Intranet.
   - Otros (especificar).

2.2. ¿Tienes retroalimentación sobre la lectura o recepción de lo que envías?

2.3. ¿Haces seguimiento de lo que has enviado? ¿Cómo? Explícalo.

3. Coherencia

La coherencia en la comunicación se refiere a la consistencia y alineación de los mensajes que se transmiten dentro de una organización o en cualquier entorno comunicativo. Esto significa que los mensajes no se contradicen entre sí, están alineados con los valores, objetivos y estrategias de la organización, y siguen una lógica interna clara a lo largo del tiempo y a través de diferentes canales o fuentes.

3.1. ¿Con qué frecuencia consideras que los mensajes que envías son coherentes con lo que necesitan las familias y lo que se explica desde el centro educativo? (1 nunca, 5 siempre).

3.2. ¿Envías comunicaciones relacionadas con los objetivos estratégicos del centro?

3.3. ¿Conoces qué envías tú como docente, qué se envía desde el equipo directivo y desde otros espacios del centro (especialidades docentes, comedor escolar, consejo escolar, etc.)?

4. Frecuencia de la comunicación

La frecuencia en la comunicación se refiere a la regularidad y periodicidad con la que se transmiten mensajes o información dentro de una organización o en cualquier contexto comunicativo. Una frecuencia adecuada asegura que la información se distribuya de manera oportuna, sin sobrecargar a los destinatarios ni dejarlos sin información cuando la necesitan.

4.1. ¿Sabes cada cuánto tiempo las familias reciben información desde algún ámbito del centro?

4.2. ¿Has experimentado situaciones en las que la frecuencia de la comunicación hacia las familias fue insuficiente o excesiva? Explícalo brevemente.

5. Accesibilidad de la información

La accesibilidad de la información se refiere a la facilidad con la que las personas pueden acceder, obtener y utilizar la información necesaria para llevar a cabo sus tareas dentro de una organización o en cualquier contexto comunicativo. La accesibilidad implica que la información sea fácil de encontrar, comprender y utilizar, independientemente de la posición o rol de los usuarios.

5.1. ¿Sabes si las familias tienen disponible la información necesaria para conocer todos los proyectos del centro educativo?

5.2. En caso de considerar que no tienen acceso rápido y ágil a la información, ¿qué crees que se podría mejorar en el sistema de acceso?

6. Retroalimentación

La retroalimentación en la comunicación se refiere al proceso de respuesta o comentario que los receptores de un mensaje dan al emisor. Es un elemento clave para asegurar que la comunicación sea bidireccional y efectiva, ya que permite verificar si el mensaje ha sido comprendido correctamente y si se ha logrado el objetivo de la comunicación.

6.1. ¿Con qué frecuencia las familias pueden dar respuesta o retroalimentación sobre los mensajes o la información que reciben? (1 nunca, 5 siempre).

6.2. ¿Qué métodos o vías existen en la organización para dar retroalimentación sobre la comunicación? ¿Consideras que son efectivos?

7. Gestión de crisis o situaciones especiales

7.1. ¿Cómo evaluarías la capacidad de la organización para comunicarse eficazmente ante una crisis que incluya la comunicación con las familias?

7.2. Si has vivido alguna situación de crisis en la organización, ¿cómo consideras que se gestionó la comunicación?

7.3. ¿Qué aspectos mejorarías en situaciones futuras?

8. Comunicación informal

8.1. ¿Crees que la comunicación formal y la informal están equilibradas? (1 desequilibrada, 5 muy equilibrada).

8.2. En tu opinión, ¿la comunicación informal interfiere o complementa a la comunicación formal? ¿Por qué?

9. Impacto de la comunicación

9.1. ¿Crees que las comunicaciones enviadas a las familias tienen el impacto deseado? (a nivel organizativo, sobre el conocimiento del proyecto del centro, sobre lo que sucede dentro y fuera del centro...).

9.2. Describe una situación en la que la comunicación interna (buena o mala) haya tenido un impacto en la implicación de las familias en el día a día del centro.

4.2. LA REPUTACIÓN DEL CENTRO, LO QUE DICEN DE NOSOTROS

Hasta ahora hemos identificado qué es aquello que nosotros decimos de nosotros mismos (que no siempre es fácil de compartir con nuestro equipo y garantizar que damos una única imagen, un único relato).

Un aspecto diferente, y que imperativamente no debe ser coincidente con nuestro relato de centro, es aquello que dicen de nosotros, nuestra reputación.

Hemos visto que la reputación es un factor clave en la opinión o consideración que tienen de nuestro centro educativo; aquello que dicen de nosotros, la percepción subjetiva que tienen las personas que se relacionan con nosotros es la que se irá transmitiendo en conversaciones entre familias de la misma comunidad y de fuera de esta, por tanto es un factor que debe ocuparnos (más que preocuparnos) y que tenemos que tener sobre la mesa en el momento en que hablamos de transformación educativa, incremento de matrícula, vinculación con los profesores, alumnos y familias con nuestro proyecto y otros factores que definen quiénes somos, al mismo tiempo que nos dibujan un sueño y un camino de hacia dónde vamos y qué queremos.

Hay nombres, marcas, eslóganes, espacios, que emocionan, que despiertan vínculo, que son queridos. Naturalmente lo que opinamos de una marca, de un eslogan y de un producto va mucho más allá de la calidad del propio producto, tienen un buen servicio al cliente, ofrecen calidad en todas sus facetas, despiertan emociones positivas porque hacen vivir experiencias únicas y cuidan su diseño en todos sus aspectos (incluido y sobre todo priorizando el servicio).

Debemos preguntarnos si nuestro centro educativo también despierta algo parecido a esto o si es percibido y vivido como un espacio de tranquilidad, seguridad, felicidad, si nos permite vivir experiencias únicas y nos vincula con emociones positivas. Todo esto nos pasa a los docentes, a las familias y a los alumnos; por tanto, genera nuestras percepciones de aquello que es una escuela o instituto.

Pero todo esto pasa por diferentes actuaciones que debemos llevar a cabo conscientemente, raramente pasa por azar, y en todo caso volvemos a la máxima de «todo aquello que no comunicamos nosotros, lo hacen otros por nosotros».

4.3. IDENTIFICAR QUIÉNES HABLAN DE NOSOTROS Y SABER QUÉ DICEN

Veremos ahora algunas actuaciones a priorizar para poder generar este vínculo y evitar que cada persona que se relacione con nuestro centro educativo tenga una opinión distinta en función de su experiencia.

Una cuestión fundamental en los centros educativos es mantener una buena relación entre los profesores, que se sientan parte del proyecto, que se sientan valorados, que se sientan parte importante de la comunidad y que se valore su trabajo y su aportación al proyecto educativo, que no siembren rumores y que tengan una alta lealtad institucional. Pero no pasa solo, no pasa por azar, no pasa por inferencia de las paredes de la escuela, que hablan.

Nuestro equipo es nuestro potencial, es nuestro *core*, y son las personas las que día a día y momento a momento transmiten todo aquello que somos, lo que queremos ser, nuestros valores, aquello que nos hace diferentes.

Para que se dé este sentimiento de equipo docente, tal y como hemos comentado anteriormente, pasa por tener **un plan de acogida** (en inglés sería un ***on boarding***) al profesorado donde les contemos quiénes somos, qué nos hace estar donde estamos y haber tomado las decisiones que hemos tomado. Además del relato, también hablará de nosotros si tenemos en cuenta que la persona que llega no nos conoce (o como mínimo no desde dentro), pero cada actuación que llevemos a cabo haga que se sienta mejor con nosotros (que sepa cómo funciona el comedor por si necesita quedarse, que tenga el ordenador de trabajo disponible y los accesos a documentación de centro activados, que sepa con qué programas trabajamos y que pueda acceder a las herramientas necesarias para hacer su tarea de programación, evaluación, comunicación con familias, etc.); cada una de esta situaciones estará hablando de nosotros como institución educativa, sobre a qué damos importancia, sobre la cultura del trato con las personas, sobre el valor de mantener el orden y los criterios establecidos en elementos como programaciones, documentaciones de alumnos, etc. Por eso, generando una buena acogida estaremos también contando la historia de quiénes somos.

Nuestro objetivo es en todo momento hacer que el relato de centro sea compartido, que las experiencias de todas las personas que forman nuestro equipo sumen en un único relato y que la historia de nuestro centro se cuente de la misma forma allí donde se escuche. Recordemos la frase de «todo aquello que no contamos nosotros, lo cuentan otros» en lo que tiene que ver con el relato interno de centro, si la dirección de la escuela no trabaja en cómo se cuenta el relato, el equipo docente tampoco lo hará y, por tanto, este se va contando a base de experiencias de personas que comparten café, reuniones de trabajo, conversaciones de pasillo y que no dejan de ser percepciones de cada experiencia individual, pero en ningún caso es el relato de centro compartido, acordado y que queremos que sea la impronta de nuestro proyecto.

De hecho, el relato de cualquier centro educativo debería ser la historia que se hace y que se cuenta desde dentro, respondiendo a cuestiones como «quiénes somos, por qué somos así, que nos hace diferentes». Naturalmente nuestro relato cambiará y se modificará con los años, con la incorporación de nuevos perfiles profesionales, nuevas demandas sociales y organizativas, y por tanto deberemos situar puntos en el calendario de revisión de aquello que decimos que somos, cómo trabajamos o qué valores nos mueven.

De puertas hacia fuera, cuando hablamos de **reputación** nos referimos a la opinión o percepción general que tienen las personas sobre una persona, organización o institución en particular. Es la evaluación que se hace sobre el prestigio, confiabilidad, integridad y calidad en función de nuestras acciones, comportamientos, logros o percepciones. La reputación puede ser positiva o negativa y suele influir en la forma en que los miembros de la comunidad educativa perciben y se relacionan con la escuela. Seguro que más de una vez hemos oído a alguien decir cosas sobre nosotros o valorar que después de conocernos su percepción sobre nosotros ha cambiado. Pero no podemos creer en que confíen a ciegas en nosotros para que esto suceda, para que tengamos oportunidad de cambiar sus percepciones.

En este punto hacemos hincapié en un punto importante: si para que nos conozcan tienen que formar parte de nuestra comunidad, estamos perdiendo la oportunidad de que nos elijan antes de entrar en ella, y, es más, estamos dejando que lo que se cuenta de nosotros sea el relato de nuestro centro educativo.

Si cuando una familia busca escuela/instituto para su hijo o hija y nuestro centro le aparece «por casualidad», hemos perdido la oportunidad de crear la necesidad de conocernos, pero, es más..., si pensamos en cómo accedemos a un servicio cuando somos usuarios, veremos que normalmente, cuando adquirimos un servicio, hemos mirado otros proveedores, hemos comparado, hemos generado conocimiento sobre el tema, hemos ido navegando entre páginas web, opiniones, vídeos... que nos han creado unas necesidades y expectativas. Un ejemplo diferente respecto a la educación pero que hace lo que hemos contado muy comprensible es un gimnasio. Normalmente cuando buscamos un gimnasio o bien miramos solo el que tenemos delante de casa (porque la proximidad es nuestro valor primordial) o bien miramos diferentes gimnasios que tengan distintas actividades y opciones (piscina, pádel, actividades dirigidas, horario extenso, etc.), o hablamos con conocidos o amigos que van allí, comparamos calidad-precio, etc. ¿Alguien piensa que no hacemos lo mismo cuando buscamos escuela para las personas que más queremos del mundo?

Esta reputación también es la suma de percepciones que se cuentan en el parque frente a la escuela, la experiencia individual de cada familia y de todas aquellas reuniones, entrevistas y conversaciones que tenemos, correos electrónicos que hemos mandado o recibido, signos y señales que nos definen, preguntas que hemos respondido o soluciones que hemos facilitado. Nuestra reputación es también la respuesta que hemos sido capaces de dar en momentos de crisis, de duda, de problemas del día a día de nuestras comunidades educativas.

Nuestra reputación se nutre de las opiniones de quienes están con nosotros y de quienes no están (alguien puede seguir hablando de nosotros como «hace veinte años yo fui allí»), por tanto cerrar bien etapas educativas, recoger todos los relatos, nos hace fuertes para dirigir las respuestas que queremos reflejar en nuestro plan estratégico de comunicación.

Más allá de lo que hasta ahora se decía en la puerta de la escuela o en conversaciones familiares, actualmente encontramos que las redes sociales expanden nuestro nombre, nuestro mensaje y nuestra marca. Debemos pensar, en este momento, qué ve quien accede a nuestra página web, a nuestras redes sociales, o qué es lo que se dice de nosotros en páginas de recomendaciones, valoraciones de servicios, etc. En este momento vuelvo a la máxima «lo que no decimos nosotros lo dicen otros por nosotros». Si no hacemos encuestas de valoración de nuestros servicios (todos, incluidos comedor, extraescolares, comunicación, atención telefónica, etc.), nunca podremos mejorar en aquellas cosas a las que no damos respuesta. Para cambiar debemos identificar, escuchar y atender las necesidades de nuestros usuarios, porque, si no, serán ellos quienes busquen la fórmula de contarlo por nosotros.

Pensemos en un servicio que hayamos utilizado recientemente: quizás un restaurante, una web para buscar hoteles o un servicio de mensajería y paquetería. Aun sin haberlo utilizado nunca, si tiene malas referencias en internet y en redes sociales, ¿nos arriesgaremos a utilizarlo? Seguramente no. Es más, si tiene buenas y malas reseñas, seguramente las malas harán que cambiemos nuestra elección del servicio, nadie quiere perder un paquete o que se rompa, ni reservar un hotel que una persona desconocida ya nos ha dicho que no está limpio, que es ruidoso o que no cumple con lo prometido en su página web.

Vemos, entonces, cómo las recomendaciones son importantes, y lo son con personas que ni siquiera conocemos, ¿cómo no lo van a ser para la elección de la escuela, donde nuestros hijos pasarán la mayor parte del tiempo los próximos nueve años? Es aquí donde vemos la importancia de identificar qué dice nuestra gente de nosotros en el parque, en la peluquería o en las conversaciones de café, porque allí es donde nos jugamos nuestra reputación, en las conversaciones de proximidad y de confianza.

De ahí se desprende la importancia del relato, qué contamos nosotros de nosotros mismos y también qué dicen otros sobre nosotros.

4.4. ¿CÓMO SE CREA RELATO?

En primer lugar, debemos preguntar a nuestra gente, a nuestros profesores qué relato hacen ellos del centro educativo y, más allá de esto, preguntar qué papel tienen personalmente en el relato del centro, su responsabilidad ante lo que se dice de nosotros.

El relato de centro refuerza nuestras creencias sobre quiénes somos y sobre aquello que queremos lograr. Hay un hecho importante en las historias y es que nos ayudan a cambiar cómo pensamos, cómo sentimos y cómo actuamos.

En una comunidad educativa tenemos tantas historias como personas forman esta. Por tanto, tenemos la suma de una realidad compleja+múltiples formas de explicarla. Desde una mirada sistémica, vemos que las interacciones entre las partes y entre estas y su entorno generan un ecosistema maravilloso alrededor de nuestro centro educativo, que, si no hacemos nada, crea su propio relato, a pesar de lo que nosotros nos esforcemos en hacer a nivel pedagógico como docentes, con los niños y niñas en las aulas.

En las formaciones que imparto en centros educativos con equipos docentes las primeras sesiones nos sirven para diagnosticar qué es lo que el equipo se cuenta sobre ellos mismos: cómo se trabaja, cómo se organizan, cuáles son los valores que les mueven... sorprendentemente la mayoría de equipos se van formando con el paso del tiempo, con entradas y salidas de personas en el claustro de profesores, pero trabajan en la cohesión del equipo sin trabajar en el relato. Según Bernadette Jiwa (2013), «creamos lo que creemos», y crear historias y relatos nos lleva a crear realidades y hacerlas posibles. Si sabemos que una historia nos hace pertenecer, nos hace sentirnos reconocidos, ¿por qué no generamos espacios dentro del calendario de cada curso para hacer una parada y actualizar nuestro relato?

Os recomiendo hacer el ejercicio de identificar el relato de vuestro centro educativo. Una frase que os defina. Preguntad en primer lugar a nivel individual con preguntas como:

⇨ ¿Qué te mueve como docente?
⇨ ¿Qué valores te hacen trabajar como lo haces?

⇨ De estos valores, ¿qué buscas transmitir cada día a tus alumnos/familias/compañeros?

A partir de aquí, haced que los docentes compartan entre ellos, en parejas o pequeños grupos, y comparad lo que se dicen. Rápidamente te darás cuenta de que elementos como «tradicional», «esfuerzo» o «éxito educativo» tienen múltiples vivencias que a diario se traducen en múltiples aplicaciones en el aula y en el centro en general que condicionan nuestras acciones.

Luego llega el momento de compartir en gran grupo y generar un relato común a partir de preguntas generales que incluyan: ¿de dónde venimos? (cómo recogemos nuestra historia, nuestros logros y nuestros errores), ¿que nos mueve?, ¿hacia dónde proyectamos? y solamente así seremos capaces de explicar una historia que nos incluya a todos y nos haga sentir «nosotros somos así» y, por tanto, «nosotros actuamos así».

Una vez tengamos identificado nuestro relato de centro y aquello que se dice de nosotros, deberemos plantear cómo hacerlo llegar a través de diferentes canales.

Claro está que en primer lugar queremos que nuestros docentes, el equipo que es el que hace realidad el proyecto educativo, crea en aquello que hacemos, por tanto cuanto más compartido sea este, cuanto más identificados se sientan con lo que decimos que somos y hacemos, más implicación, confianza, vínculo y sentimiento de pertenencia tendremos.

Una vez tengamos el trabajo hecho en el seno del equipo, deberemos plantear cómo este mensaje se comunica a diario con nuestras actitudes, acciones, cómo mostramos nuestros valores o cuál es la cultura que nos mueve como institución. En los centros educativos este mensaje se comunica cada día con acciones cotidianas como saludarnos por la mañana, mantener un orden común en los espacios, cómo nos tratamos personalmente, cómo recogemos la información, la importancia que damos a la estética en el centro y en el aula, cómo se realizan las tareas de los alumnos adecuadamente, pero también en qué momento, cómo se solucionan pequeñas situaciones, cómo hacemos las entrevista con familias, cómo recibimos y presentamos a las personas nuevas, y en un sinfín de situaciones diarias que definen día a día quiénes somos y cómo trabajamos.

5. COMUNICAR HACIA DENTRO Y HACIA FUERA

Hasta ahora hemos visto y descrito qué es la comunicación en un centro educativo y por qué es importante a nivel global.

En este capítulo nos centraremos en los procesos de comunicación dentro de la organización educativa (comunicación interna) y hacia fuera (comunicación externa).

Cuando hablamos de procesos comunicativos internos, nos referimos a aquello que la institución comunica a quienes forman parte de la comunidad educativa, pero sobre todo nos centramos en los profesionales docentes: en cómo estos organizan los documentos, reuniones, dónde se almacena la información y cómo se comunica.

En el momento que hablamos de comunicación externa entendemos que es la comunicación que desde el equipo docente se hace tanto a familias que ya forman parte de nuestra comunidad educativa como a personas y colectivos que no forman parte de nuestra comunidad.

5.1. LA COMUNICACIÓN INTERNA

En el capítulo 2 hemos hablado brevemente sobre la comunicación interna, como semilla de cualquier proyecto educativo.

En este capítulo hablaremos de qué es y cómo trabajarla con nuestro equipo docente.

5.1.1. Características de la comunicación interna

Para ordenar un poco todo lo que la comunicación interna implica, lo focalizaremos en unos elementos clave: el qué, el quién, el dónde, el cómo y el cuándo.

Tomar decisiones sobre el **qué.** Un centro educativo actualmente cuenta con un fondo documental enorme: programaciones, proyectos, acuerdos, reuniones presenciales o no presenciales, imágenes, materiales propios, entrevistas con alumnos, informes, conversaciones formales e informales, notas e informes, evaluaciones, etc. Sobre estos «qué» debemos tomar decisiones relacionadas con el **dónde:** dónde encuentro cada documento, dónde debo guardarlo y sobre el **cuándo:** qué calendario requiere cada una de las actuaciones, en qué momento debo presentar o tener en cuenta cada elemento. El **quién** requiere tomar decisiones y acordar qué persona comunica cada cosa, cuándo lo hace y a través de qué canales (el **cómo**), por tanto decidir qué se dice en un claustro, qué en grupo informal de WhatsApp, qué en un documento determinado o por escrito/oral.

Esto implica también gestionar quién debe tener acceso a qué informaciones, garantizar que están disponibles y tener garantías de que se hará un buen uso. En consecuencia, requiere dar acceso a las carpetas, aplicaciones o gestiones necesarias, y también implica hacer un seguimiento de su cumplimiento.

Para empezar con buen pie esta comunicación interna requerimos dos elementos clave: tener acuerdos compartidos y conocidos (recordemos, sobre el qué, quién, cómo, dónde y cuándo) y tener un buen plan de acogida de docentes. Seguramente si no tenemos estos acuerdos o este plan de acogida, el libro os dará algunas pistas sobre decisiones a tomar desde la dirección del centro y cómo hacerlo para garantizar que lo que decidimos sea acordado y compartido por nuestro equipo y al mismo tiempo que genere cultura organizativa para acoger a nuevos docentes.

Si queremos que la información a nivel interno fluya, debemos establecer estrategias operativas que lo hagan posible, que lo permitan. La dimensión operativa de la comunicación interna es fundamental para asegurar que todos los miembros de la organización estén bien informados, alineados con los objetivos corporativos y puedan colaborar de manera eficiente. Una gestión adecuada de esta dimensión mejora la productividad, reduce malentendidos y contribuye al éxito general de la organización.

Por eso, dentro de la comunicación interna estableceremos dos niveles (tal y como podemos ver en el diagrama): del docente al equipo y del equipo a la comunidad (incluyendo aquí las familias que ya forman parte de ella y los profesionales que trabajan en la institución educativa).

Aquello que piensas y sientes como docente sobre el mundo educativo, aquello que te mueve cada día a hacer lo que haces y cómo lo haces crea tu «cultura de centro».

Según tus creencias, tus gustos, preferencias o valores, tus acciones del día a día toman una forma u otra, es decir, somos lo que nos contamos, porque nuestros valores y nuestros principios mueven nuestras actuaciones a diario.

Seguro que conoces algún docente altamente implicado con los alumnos socialmente vulnerables, aquellos que necesitan soporte dentro y fuera del centro educativo. Este docente organiza sus clases, sus lecciones y sus materiales siempre pensando en qué puede hacer para ayudar a todos sus alumnos, pero seguramente pone mayor desempeño en ayudar sobre todo a aquellos que sabe que sin su ayuda no podrán avanzar.

Después de haber pasado muchos años en el mundo de la educación, puedo asegurar que conoces docentes que lo que dicen es que «aquí siempre se ha hecho así» y, por tanto, sus acciones les llevan a no querer cambiar nada, porque se autojustifican pensando que aquello que se ha hecho siempre es lo correcto, e incluso pueden comentar algo tipo «y no nos fue tan mal». El valor que mueve a esta persona es el inmovilismo, por tanto sus acciones siempre irán encaminadas a mantener el *statu quo,* haciendo los mínimos cambios posibles.

Como puedes ver, los valores personales, aquello que nosotros pensamos y creemos sobre la educación, dirigen nuestras acciones cada día y nos llevan a comunicarnos de una forma determinada con nuestros equipos.

Para entrar en más detalle, y que os pueda servir para empezar a ordenar la comunicación interna en vuestro centro educativo, os comparto algunos componentes clave de la dimensión operativa de la comunicación interna:

Canales de comunicación

⇨ **Medios digitales:** correos electrónicos, plataformas de mensajería instantánea (como Slack o Microsoft Teams), intranets corporativas y redes sociales internas, aplicaciones de comunicación y otros.
⇨ **Medios tradicionales:** boletines impresos, tablones de anuncios, memorandos y reuniones presenciales.

Procesos y procedimientos

⇨ **Protocolos de comunicación:** establecimiento de normas claras sobre cómo se debe comunicar la información, quién es responsable de enviarla y recibirla, y los plazos para hacerlo.

⇨ **Flujos de comunicación:** diagramas y mapas de los canales de comunicación que detallan cómo la información debe fluir entre diferentes niveles y departamentos de la organización.

Herramientas y tecnologías

⇨ **Software de gestión de proyectos:** herramientas como Asana, Trello o Jira, que facilitan la comunicación y colaboración en proyectos. En el ámbito de la educación son poco conocidos y utilizados, pero fijarnos en cómo funcionan para generar patrones de gestión de proyectos puede ser una buena fuente de aprendizaje para la organización.

⇨ **Plataformas de colaboración:** espacios digitales como Google Workspace o Microsoft 365, que permiten el trabajo colaborativo y el intercambio de información en tiempo real.

⇨ **Sistemas de gestión de la información:** bases de datos y sistemas de archivo que aseguran que la información esté accesible y organizada.

Frecuencia y temporalidad

⇨ **Comunicación periódica:** establecimiento de rutinas de comunicación regulares, como reuniones semanales de equipo, informes mensuales, etc. Saber en qué momento debo comunicarme y en qué momento recibo información, hace que los canales y los tiempos de comunicación sean claros y compartidos, es lo que yo llamo «higiene comunicativa».

⇨ **Comunicación *ad hoc:*** provisión para la comunicación inmediata y no programada según las necesidades operativas. Puede darse en casos de emergencia, en alguna situación excepcional o en informaciones personales sobre temas que no afectan al conjunto de docentes, familias o alumnos.

Roles y responsabilidades

⇨ **Responsables de comunicación:** definición clara de los roles de los docentes encargados de gestionar y transmitir información, como los responsables de comunicación interna, coordinadores de departamento y líderes de equipo. Antes de una reunión o encuentro se debe acordar cómo se comunicarán los resultados y quién lo hará.

⇨ **Delegación de tareas:** asignación de tareas específicas relacionadas con la comunicación a individuos o equipos.

Capacitación y desarrollo

⇨ **Entrenamiento en habilidades de comunicación:** programas de formación para mejorar las habilidades de comunicación escrita y oral de los empleados. Si queremos que todo el equipo comparta un mismo discurso, unas ideas, propuestas, ya que son el ADN de nuestro proyecto educativo, debemos garantizar que todos los docentes saben llevar a cabo una reunión con familias o una entrevista, por ejemplo.

⇨ **Actualización tecnológica:** capacitación en el uso de nuevas herramientas y tecnologías de comunicación.

Medición y evaluación

⇨ **Indicadores de rendimiento:** establecimiento de métricas para evaluar la eficacia de la comunicación interna, como encuestas de satisfacción, tiempos de respuesta y tasas de apertura de correos electrónicos, optimización de reuniones en tiempo y forma, etc.

⇨ ***Feedback* y retroalimentación:** mecanismos para recoger opiniones y sugerencias de los empleados sobre los procesos de comunicación interna.

Adaptabilidad y flexibilidad

⇨ **Adaptación a cambios:** capacidad para ajustar los canales y procesos de comunicación según las necesidades cambiantes de la organización, como en situaciones de crisis o reestructuración.

⇨ **Innovación continua:** búsqueda constante de nuevas herramientas y métodos para mejorar la comunicación interna.

Documentación y archivo

⇨ **Registro de comunicaciones:** mantenimiento de registros detallados de todas las comunicaciones importantes para referencia futura. Flujos de comunicación acordados y «repositorio» y plantillas de documentos frecuentes (convocatorias de reunión, información sobre excursiones, incidentes frecuentes...).

⇨ **Políticas de archivo:** normas sobre cómo se deben archivar y conservar los documentos y mensajes. Todas las personas de un equipo deben saber dónde guardar la información y cómo acceder a aquello que necesitan.

Los elementos hasta ahora enumerados pueden pasar a formar parte de una *checklist,* una lista en la que nos preguntemos qué tenemos sobre cada uno de los puntos, si estamos de acuerdo o no, si lo contemplamos o no y si queremos incorporarlo en nuestro plan de comunicación interna o preferimos no hacerlo.

Antes de seguir con el marco teórico relacionado con la comunicación interna y externa de centro, os propongo que con los elementos enumerados hasta ahora referidos a la comunicación interna elaboréis la *checklist* que os permita identificar, de los siguientes temas, si tenéis acuerdos de centro o no, si debéis trabajar en ello o bien si es un tema que ahora no es prioritario para vosotros.
Os propongo una plantilla de ejemplo que podéis adaptar.

COMUNICACIÓN INTERNA	ACUERDOS ACTUALES DE CENTRO	¿QUÉ QUEREMOS TRABAJAR?	PROPUESTA PARA EL EQUIPO DOCENTE/ DIRECTIVO
REUNIONES DE EQUIPO			
Espacio (digital) para la documentación de acuerdos.			
Acuerdos de trabajo de antes/durante/después de la reunión.			
«Escaleta-guion» de la reunión.			
Condiciones para reuniones (espacio, tecnología, redactor/a, etc.).			
Otros (especificar).			

COMUNICACIÓN INTERNA	ACUERDOS ACTUALES DE CENTRO	¿QUÉ QUEREMOS TRABAJAR?	PROPUESTA PARA EL EQUIPO DOCENTE/ DIRECTIVO
DOCUMENTACIÓN INTERNA (ARCHIVO ELECTRÓNICO)			
Estructura clara de almacenaje (carpetas que cumplan la normativa sobre archivo electrónico).			
Compartición de carpetas (¿quién tiene permisos?).			
Criterios para poner nombre a los archivos.			
Todo el equipo sabe dónde y cómo guardar información digital.			
Compartimos criterios de seguridad de la información.			
COMUNICADOS			
Tenemos acuerdo sobre tiempo/ forma/canal.			
Todo el equipo sabe a qué información tiene acceso y dónde.			
Hemos decidido con qué dirección de correo se trabaja y por qué (personal, de centro, corporativo...).			
RELATO DE CENTRO			
Compartimos qué vocabulario utilizar.			
Todos los docentes conocen el proyecto educativo.			
Tenemos un calendario de cuándo explicar nuestro proyecto de forma coherente y programada.			

COMUNICACIÓN INTERNA	ACUERDOS ACTUALES DE CENTRO	¿QUÉ QUEREMOS TRABAJAR?	PROPUESTA PARA EL EQUIPO DOCENTE/ DIRECTIVO
Tenemos un cronograma de comunicaciones de centro.			
Cuando exponemos un nuevo proyecto o tenemos en cuenta la comunicación de este.			
Nuestra web está alineada con nuestro mensaje (imagen, logo, colores, grafismo, texto, etc.).			
Tenemos acuerdos sobre las comunicaciones (formato, calidad, etc.).			
Otros.			

Aparte de todo lo que hemos enumerado, que incluye la gestión de procesos de comunicación durante la planificación y el desarrollo de proyectos en el seno del centro educativo, debemos tener en cuenta un elemento clave y muy importante, no solamente en la mejora de los procesos sino, y sobre todo, en aquello que tiene que ver con las personas de nuestro equipo: su implicación, confianza, autoimagen y autoestima como docentes. La dimensión de *feedback* **en la comunicación interna** es crucial para el desarrollo y la mejora continua de los procesos organizacionales. El *feedback* no solo cierra el ciclo de comunicación, asegurando que los mensajes han sido recibidos y comprendidos correctamente, sino que también proporciona información valiosa para el ajuste y perfeccionamiento de estrategias, políticas y prácticas. Detallamos a continuación los componentes clave de la dimensión de *feedback:*

Tipos de *feedback*

⇨ ***Feedback* formal:** estructurado y planificado, como evaluaciones de desempeño, encuestas de satisfacción, reuniones de revisión y reportes oficiales.

⇨ ***Feedback* informal:** espontáneo y no estructurado, como conversaciones casuales, comentarios en el momento y observaciones directas.

Dirección del *feedback*

⇨ **Ascendente:** de los empleados a la dirección, proporcionando *insights* sobre las actividades diarias, problemas y sugerencias de mejora.
⇨ **Descendente:** de la dirección a los empleados, ofreciendo reconocimiento, correcciones y directrices para el desarrollo.
⇨ **Horizontal:** entre colegas o equipos del mismo nivel jerárquico, facilitando la colaboración y la mejora conjunta. En el caso del ámbito educativo, este se da frecuentemente en reuniones o trabajo en equipo o claustro de docentes.

Frecuencia y oportunidad

⇨ ***Feedback* continuo:** proporcionado de manera regular y continua para fomentar una cultura de mejora constante. Muchas veces basta solamente con mandar un «de acuerdo, recibido» o un «buen trabajo, lo miro con más atención».
⇨ ***Feedback* periódico:** ofrecido en intervalos regulares. Aquí podemos relacionarlo con el calendario trimestral, en caso de tener un plan estratégico que marque la temporalidad o bien propiciar encuentros de forma regular y formal o informal con los equipos de trabajo.
⇨ ***Feedback ad hoc:*** proporcionado según la necesidad, en respuesta a eventos específicos o situaciones particulares.

Métodos de recopilación

⇨ **Encuestas y cuestionarios:** herramientas estructuradas para recopilar *feedback* de manera sistemática y cuantificable. Actualmente, con las herramientas digitales con las que contamos, podemos dar y recibir *feedback* de forma rápida y casi instantánea con las personas de nuestro equipo.
⇨ **Reuniones y entrevistas:** interacciones directas para obtener *feedback* cualitativo y detallado. Aquí hacemos hincapié sobre

todo en aquellos momentos de entrada al centro (reflejados en el plan de acogida) o bien en momentos de salida cuando un docente se marcha por cualquier motivo.

⇨ **Sistemas de retroalimentación anónima:** plataformas que permiten a los empleados proporcionar *feedback* sin revelar su identidad, fomentando la honestidad. En educación no se suelen utilizar mucho, a pesar de que con herramientas de cuestionarios también se puede dar opción al anonimato.

Evaluación y análisis

⇨ **Análisis de datos:** evaluación de los datos de *feedback* para identificar tendencias, áreas de mejora y puntos fuertes. Si contamos con un plan estratégico, con indicadores numéricos, será fácil poder identificar los datos y hacer seguimiento para su análisis. Encontramos aquí por ejemplo datos como los porcentajes de mejora, el incremento en actividades, el cumplimiento del calendario, etc.

⇨ **Métricas de satisfacción:** indicadores como Net Promoter Score (NPS), índice de satisfacción de empleados y otras métricas relevantes.

Respuesta y acción

⇨ **Plan de acción:** desarrollo de estrategias y medidas específicas basadas en el *feedback* recibido para abordar problemas y mejorar procesos. Entramos en los ciclos de mejora continua en el momento en que con instrucciones somos capaces de recoger y analizar datos, y planificar un *feedback* de acción para mejorar estos resultados.

⇨ **Comunicación de resultados:** informar a los empleados sobre las acciones tomadas en respuesta a su *feedback*, demostrando que sus opiniones son valoradas y consideradas.

En un centro educativo, crear la **cultura de *feedback*** fomenta la apertura en un entorno donde este es considerado positivo como herramienta para el crecimiento y la mejora de cada individuo y del colectivo.

Pongamos un ejemplo para clarificar la propuesta.

En el momento que hacemos una reunión de equipo para coordinar alguna actuación debemos dejar claro **qué** se necesita para preparar la reunión (qué información debo leer, qué debo conocer para poder intervenir y optimizar el tiempo que estamos reunidos), **cuánto** va a durar, **qué** documentos ponemos a disposición para poder preparar el encuentro y **qué** documentos deben salir del encuentro y **quiénes** son los responsables de traspasar la información acordada allí donde se haya decidido, etc.

Si necesitamos que el equipo docente trabaje de forma coherente y ordenada para tomar decisiones de cómo mejorar el nivel educativo de nuestros alumnos en matemáticas, primero deberemos ofrecer datos, información sobre la situación actual y crear un contexto de necesidad. A partir de aquí, deberemos trabajar en qué información recogeremos, dónde, para qué, en qué calendario se va a trabajar, etc. No gestionar este procedimiento puede crear sensación de desorden, de eternización de procesos, de no retorno de informaciones, propuestas o decisiones tomadas en reuniones de trabajo, etc.

Aquí algo importante en lo que debemos hacer hincapié es en los conceptos de lealtad y transparencia. De los encuentros de un equipo solo debe comunicar quien es responsable de hacerlo y esta persona debe garantizar la máxima transparencia y objetividad en la transmisión de comunicaciones y debe saber que la información con la que trabaja es confidencial en su ámbito laboral. Solo así tendremos información veraz y objetiva dentro de los equipos docentes, haremos una comunicación más higiénica y coherente con nuestros valores y principios y tendremos la certeza de que la información llega donde y a quien debe llegar. Esto puede parecer exagerado tenerlo en cuenta y ponerlo por escrito, pero es cierto que en los equipos docentes a veces pasa que alguien comenta algo en lugares fuera del centro escolar (con personas ajenas al centro) datos que son estrictamente confidenciales, como por ejemplo los resultados de los alumnos en algunas pruebas, conversaciones o discusiones del equipo de trabajo, etc. En estos momentos la deslealtad hacia la institución genera desconfianza y sobre todo ruido en la comunicación, ya que si no permitimos que comunique quien debe hacerlo, en el lugar y forma que está establecido, lo que conseguimos a largo plazo es romper la confianza con la institución.

Estos acuerdos de claustro nos llevarán a una cultura organizacional que garantice que el tiempo invertido en las tareas que tenemos que hacer sea óptimo y que nos llegue la información que nos debe llegar en tiempo y forma y que el resultado de las reuniones y encuentros sea recogido en un lugar seguro, accesible y conocido por los docentes que lo necesiten.

Aquí los equipos directivos tienen un trabajo importante en hacer el seguimiento de acuerdos, en garantizar transparencia, dar a conocer calendarios, propuestas recogidas, dar *feedback* y hacer retorno cualitativo de los documentos, etc.

5.1.2. Comunicar para transformar y transformar para comunicar

El «para qué» de la comunicación interna

Los cambios en el mundo educativo, a pesar de ser constantes (por demandas sociales, organizativas o políticas), son inherentes, es decir, que permanentemente están presentes, requieren tiempo y un esfuerzo de generar el contexto, la necesidad y crear el marco mental que justifique lo que estamos haciendo. Podemos decir, por tanto, que en el ámbito de la educación el cambio está siempre presente y es constante y permanente en la organización del centro y en la respuesta educativa. Cualquier cambio que queramos hacer debe tener presente cómo contamos lo que estamos haciendo.

Naturalmente, para gestionar el cambio lo primero que debemos saber es para qué cambiamos, qué motivos nos llevan a movernos, por tanto identificar la necesidad del cambio. Recientemente, en una conferencia, Héctor Ruiz (investigador científico en el ámbito de la neurociencia) comentaba que en algunos equipos docentes se hacen constantemente cambios de espacios, de propuestas pedagógicas, de rutinas de aula, de materiales, etc., pero que en el momento en que se pregunta ¿qué queremos mejorar? y, por tanto, se requiere de cuantificación y de una diagnosis de cómo estamos, la respuesta raramente justifica el esfuerzo del cambio.

Por tanto, lo primero que debemos hacer es compartir **qué problema tenemos** y cómo lo hemos identificado, es decir, participar y exponer con qué datos contamos para cuantificar el problema. Muy a menudo nos pasa que el relato que se genera parte de «todos nosotros» o «muchas familias»... para mover alguna cosa, pero detrás de estas afirmaciones debemos analizar qué mensaje incluye, cuántas personas son, qué impacto tiene una medida u otra sobre la población que queremos modificar, qué coste en tiempo, recursos humanos y económicos tendrá, etc. Recordemos que la queja une mucho a las personas porque crea una unión y hace sentir que «todos somos», «todos pensamos», da fuerza y coraje, al mismo tiempo que permite a personas con perfiles discretos esconderse tras mensajes o eslóganes fuertes que aparentemente unen a un gran colectivo. En consecuencia, encontrar alguien que dice algo que nos impacta, nos activa nuestro sesgo de confirmación, por poco que se parezca lo que nos dice a lo que pensamos.

Una vez hayamos definido los objetivos que queremos lograr, debemos ser capaces de definir el alcance del cambio, pensar por tanto qué áreas o procesos se verán afectados y a partir de aquí planificar el cambio teniendo en cuenta un elemento fundamental, que es con qué personas contamos para hacerlo y cómo sumaremos a todo el equipo para que sea posible. Planificarlo incluye pensar qué etapas deberemos establecer, qué recursos, responsables y calendario utilizaremos.

Naturalmente un cambio pasa por la transformación en las personas, en sus actitudes, voluntades, estructuras mentales; elegir quiénes serán nuestros aliados, qué personas tienen facilidad para adaptarse a las novedades, quiénes serán nuestros *influencers* y movilizarán al resto hacia una zona que se sale de la conocida «zona de confort» para pasar a la zona de aprendizaje y de incomodidad. Es decir, enfrentarnos a aquello que desconocemos, lo que nos produce un desajuste cognitivo, que genera incomodidad y que es lo que nos hace tender a no adaptarnos rápidamente a los cambios, por resistencia a ellos.

En palabras de Seth Godin (2018), «para hacer cambios debemos generar cultura; escoger un grupo de personas estrechamente unidas y empezar a sincronizarlas». En los centros educativos se ve claramente reflejada esta máxima, buscar que todos los docentes hagan los cambios en el mismo momento y de la misma forma no será fácil, debemos generar «tensión» (entendida como llevar a alguien fuera de su zona de confort, y que entre en la zona de aprendizaje) en aquellas personas que rápidamente asumirán los cambios, y estas serán las que moverán al resto a hacerlo desde la proximidad, trabajando codo con codo. Los cambios desde arriba no funcionan igual para todos, generar cultura requiere de tiempo y de personas vinculadas emocionalmente que escuchen y acompañen a otras personas para hacerlos posibles. Por tanto, empezaremos a trabajar con el grupo de personas que entiendan y compartan el cambio, que se sientan altamente vinculadas y con confianza para hacerlo y poco a poco moveremos grandes estructuras hacia el cambio que queremos promover.

Gairín (2003) enfatiza que la gestión del cambio en las instituciones educativas debe ser entendida como un proceso planificado y sistemático que tiene como objetivo mejorar la eficacia y eficiencia de la organización. Destaca la importancia de involucrar a todos los miembros de la comunidad educativa en el proceso de cambio y de crear una cultura organizacional que favorezca la innovación y la mejora continua. En consecuencia, conocer a nuestro equipo, sus voluntades, sus historias individuales a nivel laboral y personal así como su percepción del mundo de la educación nos facilitará o no que estas se sumen a la propuesta de trabajo hacia el cambio que queremos promover.

Para gestionar el cambio trabajaremos siempre sobre conceptos de eficacia y eficiencia, teniendo presentes los indicadores sobre los cuales trabajaremos así como los objetivos perseguidos (Cantón Mayo, 2004).

Respecto a los indicadores, y siempre relacionando cada uno de ellos con la comunicación respectiva a las partes de la comunidad implicadas, contaremos con:

⇨ Indicadores de resultados: aquellos que nos mostrarán qué hemos conseguido en comparación a lo que esperábamos. Debemos prever en qué momentos nos comunicaremos y en qué contexto (claustro de profesores, consejo escolar, reuniones específicas para tal finalidad, etc.).

⇨ Indicadores de proceso: relacionados con las actividades que haremos (normalmente se comunica al principio del proceso y, en caso de cambios, durante el transcurso de estos).

⇨ Indicadores de estructura: teniendo en cuenta las líneas jerárquicas y económicas de los centros (se comunican al principio del proyecto o del procedimiento de cambio, ya que se atribuyen cargos, responsables, tiempos, etc.).

⇨ Indicadores de estrategia: cuestiones que sin tener una relación directa con las actividades propias del centro, tienen una gran importancia en su evolución y resultados.

Tal y como afirma Gairín Sallán (2006), «el cambio en las organizaciones educativas no debe ser visto como un evento aislado, sino como un proceso continuo y dinámico que requiere la participación y el compromiso de todos los miembros de la comunidad educativa. Solo a través de un enfoque colaborativo y una planificación cuidadosa se pueden lograr mejoras sostenibles y significativas».

Para entender un poco lo que sucede y cómo funcionan las dinámicas de cambio en las organizaciones me gustaría insistir, enumerando y definiendo brevemente algunos de los sesgos mentales que podemos ver en las organizaciones en momentos de cambio. Cuando hablamos de la gestión del cambio, no podemos dejar de lado las resistencias individuales y grupales, muchas de ellas veremos que están absolutamente relacionadas con el relato, la vivencia que tenemos de una situación. Nada que ver con la realidad o la objetividad, sino que tienen que ver con el relato, ¿qué me cuento yo de alguna cosa? y ¿cómo una novedad encaja o no en mi relato?

Los sesgos mentales, también conocidos como sesgos cognitivos, son desviaciones en el procesamiento mental que afectan a **cómo percibimos, recordamos y evaluamos la información.** Estos sesgos son estudiados extensamente en psicología y neurociencia cognitiva y tienen un impacto significativo en nuestras decisiones y juicios. A continuación, mostramos algunos de los más estudiados o conocidos y podremos apreciar claramente su relación con el relato que hagamos de nuestro centro educativo, la cultura de la organización o el bagaje individual de cada docente para ser más o menos proclive al cambio:

⇨ El **sesgo de confirmación:** se define como la tendencia a buscar, interpretar y recordar información de manera que confirme las propias creencias preexistentes. Así, adoptaremos aquello que se vincule a nuestros valores, nuestras expectativas, para validar lo que percibimos con base en nuestro conocimiento previo.

¿Qué haremos para garantizar el cambio o hacerlo posible conociendo el sesgo de confirmación? Empezar desde aquello conocido, no generar un salto muy grande con el cambio sino acercar aquello que queremos hacer a lo que ya hacemos e introducir pequeños cambios.

Tener estructurados unos acuerdos comunes, un funcionamiento compartido y conocer e identificar y compartir los mismos valores y relatos como comunidad educativa nos facilitará identificar los cambios posibles para transitar hacia aquello nuevo, confirmando la validez de nuestras creencias anteriores y haciendo posible la adquisición de las nuevas. Por lo tanto, hablamos de empezar compartiendo un mismo relato de quiénes somos como organización y a partir de aquí qué valores tenemos y promovemos con nuestras acciones a diario.

⇨ El **efecto de anclaje:** es la tendencia a depender demasiado de la primera información encontrada (el «ancla») al tomar decisiones.

En relación a la cultura de centro, este aspecto apunta también a la importancia de la acogida de nuevas personas en la organización. La impronta que reciban en los primeros momentos será la que condicione su adaptación y adquisición del relato compartido y, por tanto, la adquisición de nuestra cultura, nuestros valores y nuestra voluntad futura. Tener un buen plan de acogida y garantizar personas que hagan mentorías y acompañamientos a las nuevas incorporaciones (tanto docentes como alumnos o familias) ayudará a que la cultura organizacional sea transmitida tal y como buscamos como organización.

⇨ El **sesgo de disponibilidad:** es la tendencia a sobreestimar la probabilidad de eventos basándose en ejemplos que vienen rápidamente a la mente.

Aquí podemos identificar algunas frases que muy a menudo se escuchan en el ámbito escolar tipo «esto ya lo hemos probado y no funcionó» o «aquí siempre lo hemos hecho así y no nos fue tan mal».

El sesgo de disponibilidad suma la no voluntad inherente de cambio (conocida como la resistencia al cambio) con la justificación de que en algún otro momento algo se probó y no funcionó, sin tener en cuenta factores como el cambio de contexto, las personas que lo llevaron a cabo, etc.

⇨ El **efecto de arrastre:** es aquella tendencia a hacer o creer algo porque muchas otras personas lo hacen o lo creen.

En este efecto encontramos también aspectos que hemos comentado anteriormente. En el momento que alguien alza la voz para decir que «muchos no estamos de acuerdo» o que «todos creemos alguna cosa», poca gente se ve capaz de manifestar estar fuera del «todos o del muchos»; por tanto, aquello que comúnmente se dice de «quien calla otorga» genera un efecto de arrastre hacia un relato u otro. En estos momentos y en claustros de profesores lo he visto mucho, pasa que pocas personas (o nadie) hablan en público y abiertamente, y a la salida en pequeños grupos van manifestando su opinión. Lo que hacemos en este momento de forma absolutamente inconsciente es dividir el relato, generar bandos y polarizar opiniones; suceso que muchas veces se da en equipos docentes en momentos en que no se expresan sentimientos y opiniones ante alguna situación de cambio.

⇨ El **sesgo de retrospectiva:** es la tendencia a ver eventos pasados como más predecibles de lo que realmente fueron. Aquí claramente vemos el «aquí siempre se ha hecho así», que suele completarse con un «y no nos ha ido tan mal». Vemos en este momento cómo las personas se refugian en aquello que funcionó o no, para no salir de nuevo de su zona de confort y garantizar la estabilidad ante el cambio.

⇨ El **sesgo de optimismo:** se define como la tendencia a creer que uno tiene menos probabilidades de experimentar un evento negativo en comparación con otros. Las personas que experimentan el sesgo de optimismo parecen altamente eficaces a la hora de implementar los cambios que se proponen o que son necesarios, pero tengamos en cuenta que es un sesgo, es decir, condiciona un momento inicial de confrontación con aquello nuevo. Por eso, generar un optimismo desbordante ante un cambio nos puede provocar la visión de tenerlo bajo control y no prever efectos de contingencias posteriores o situaciones que puedan no salir tan bien como preveíamos al principio.

⇨ Finalmente encontramos, entre otros, el **error de atribución fundamental:** la tendencia a sobreestimar el papel de los factores personales y subestimar el impacto de las circunstancias situacionales en el comportamiento de los demás. En otras palabras, tendemos a creer que las acciones de otros se deben principalmente a su personalidad o disposición, mientras que no consideramos adecuadamente el contexto o las circunstancias externas que pueden haber influido en su comportamiento. Por tanto, en una institución cuya misión es desarrollada en su totalidad por personas debemos tener en cuenta que las vivencias y situaciones personales de cada uno de los docentes, alumnos y familiares se deben siempre a sus experiencias anteriores, a las circunstancias que viven en un momento o a percepciones individuales de lo que sucede. Por este motivo, objetivar en una organización formada por personas y por sus características individuales no es tarea fácil y nos lleva a tener que hacer múltiples adaptaciones en función de los momentos y los contextos que vivimos en el seno del equipo.

Al hablar de resistencias individuales, podemos encontrar diferentes clasificaciones, según Tomás (2002):

⇨ Las que tienen a ver con los hábitos (aquí encontramos de nuevo aquello de «siempre se ha hecho así», una afirmación altamente arraigada en la cultura de algunos centros educativos).

⇨ De percepción o retención selectivas: personas que perciben que se les está pidiendo un plus de trabajo sin darse cuenta de la importancia que tiene en lo referente al contenido o significado.

⇨ De falta de seguridad: personas que, según su trayectoria anterior o por su formación, no se sienten seguras trabajando con un liderazgo compartido, colaborativo o con formas de organización diferentes a las que conocen.

⇨ Superego: personas a quienes no les gusta el trabajo colaborativo porque no entra dentro de su funcionamiento habitual, de su esquema de valores, no les gusta compartir tareas o aprender de otros, ya que consideran que solos lo pueden hacer mejor. Normalmente son personas que rechazan frontalmente cualquier propuesta de cambio que no surja de ellos mismos.

En lo que tiene que ver con las resistencias grupales:

⇨ Dependencia: personas que dependen de otras y que por tanto agruparse de una forma u otra les supone un problema dentro de la organización.

⇨ Valores y costumbres: esto tiene que ver plenamente con la cultura de grupo porque está altamente relacionado con la idea de trabajo que se ha venido haciendo y esto condiciona el trabajo futuro.

⇨ Inestabilidad docente: este tipo de resistencia está altamente relacionada con el tipo de plantilla con la que cuenta el centro educativo, ya que una plantilla inestable o cambiante dificulta la creación de cultura de grupo y la identificación de los individuos con este.

Hasta aquí, teniendo en cuenta algunos de los sesgos que todos los humanos tenemos o vivimos en algún momento, vemos que la comunicación está presente en cada paso que damos, en cómo lo hacemos y con quién, pero, naturalmente, cuando hablamos de la gestión del cambio vemos que esta cuenta con un peso importante en el proceso de comunicación.

Parte de la clave de nuestro éxito en el momento que queramos llevar a cabo algún cambio en el centro educativo será crear un plan de comunicación efectivo para informar a todos los interesados sobre la naturaleza del cambio, sus beneficios y sobre todo qué afectación tendrá sobre cada área y cada persona.

Deberemos asegurar que acordamos bien los canales de comunicación y los tiempos en que lo haremos, con qué frecuencia pasará y cómo se abordará una posible comunicación de crisis.

Mientras formamos, capacitamos, recogemos evidencias del cambio, documentamos los procesos, es decir, mientras implementamos el cambio, será importante mantener un canal activo permanente de comunicación. La información y la comunicación darán seguridad y generarán el relato que necesitamos para sentir que todos somos parte de aquello que está sucediendo.

En este proceso debemos contar con un liderazgo efectivo y visible que sepa hacia dónde nos movemos, para qué y cómo lo haremos, pero al mismo tiempo se deberá trabajar con un margen de flexibilidad y adaptabilidad, ya que el trabajo con personas nos llevará a circunstancias que requerirán de la adaptación y ajuste de planes según sea necesario para poder adaptarnos y dar respuesta a desafíos imprevistos. Los equipos directivos, al mismo tiempo que trabajamos con nuestro equipo docente, debemos acompañar a nuestras familias a que entiendan qué estamos haciendo y para qué lo hacemos. Las familias pueden estar más o menos conectadas con el mundo de la educación, pero con lo que sí están conectadas es con querer aquello que es mejor para sus hijos; por tanto, dentro del porqué y el para qué hacemos las cosas, acompañar a las familias para que sientan la confianza de que en nuestra escuela tomamos decisiones para hacer aquello que es mejor para sus hijos/as.

Naturalmente, la participación de las personas del equipo, buscando involucrar a todas las partes a través de procesos de comunicación y participación, será importante para asegurar que sus perspectivas y necesidades se consideren, al mismo tiempo que la participación generará pertenencia a las decisiones que se tomen en cada momento. Según Bernadette Jiwa (2019), tenemos que creernos que nuestro éxito depende de las personas que forman parte de este y que nuestras ideas y propuestas tienen éxito en el momento en que son creídas y compartidas por nuestra gente. Las personas contamos historias porque las historias nos unen, nos hacen sentir parte de un grupo y nos identifican con la idea «las personas como yo hacen cosas como estas».

Cualquier proceso de cambio, que, como hemos comentado anteriormente, forma parte de la naturaleza del mundo educativo, llevará a mejoras significativas en la calidad de la educación, la satisfacción de los estudiantes y sus familias y el rendimiento general de la institución, pero para que esto sea posible tendremos que trabajar en un paradigma de gestión del cambio, teniendo en cuenta los elementos que hemos enumerado anteriormente.

Aquí está la clave de la transformación educativa real y compartida. Solo podemos transformar un centro educativo a partir de un relato. Cambiar cualquier elemento siempre generará dudas y preguntas, pero debemos acompañarlo de una comunicación para que se entienda **qué estamos haciendo, cómo lo hacemos, para qué y qué nos aportará.**

5.2. LA COMUNICACIÓN EXTERNA

La comunicación externa en un centro educativo es fundamental para establecer y mantener relaciones positivas y efectivas con diversos actores externos a la institución. Anteriormente hemos apuntado la importancia de generar confianza y pertenencia, y es a través de la comunicación como podemos lograr llegar a nuestra comunidad para crear estos vínculos. En comunicación externa nuestros interlocutores pueden incluir padres/madres o tutores de familia, la comunidad local, medios de comunicación, autoridades educativas, empresas y organizaciones no gubernamentales, entre otros.

Uno de los motivos por los que nos queremos comunicar con las familias que ya forman parte de nuestra comunidad es por la **transparencia** y **claridad.** Compartir aquellas decisiones que tomamos, mostrar información a tiempo y en forma y que esta sea clara, precisa y transparente nos ayudará a construir confianza y credibilidad con los actores externos.

Un aspecto importante en el que hago mucho hincapié es en la **coherencia.** En el capítulo donde hemos hablado del relato, hemos apuntado la necesidad de que nuestras acciones se alineen con nuestros valores, con aquello que decimos que somos. Esta coherencia es percibida desde fuera en múltiples momentos de nuestro día a día: cómo damos los materiales elaborados por los alumnos, cómo les recibimos por la mañana o les despedimos cuando se marchan, el trato humano que reciben en el centro educativo, cómo hablamos de los resultados académicos personales y del centro, etc. Las familias perciben esta coherencia en reuniones, entrevistas con docentes, en notificaciones que reciben y en muchos otros contactos diarios con el centro educativo, cosa que nos da **consistencia en el mensaje.** Es importante que todos los mensajes emitidos desde el centro educativo sean coherentes y consistentes para evitar confusiones y malentendidos. En consecuencia, en nuestro equipo docente tendremos que tomar acuerdos de qué comunicamos, cómo lo hacemos y en qué momentos. Estas decisiones nos llevarán a mostrar coherencia dentro de nuestro proyecto y alinear nuestras acciones con nuestros valores. Al fin y al cabo, hablamos de hacer efectivo el compromiso adquirido con las familias en el momento en que han elegido nuestro proyecto educativo.

La comunicación con las familias, y en general con nuestra comunidad educativa, debe ser percibida como una oportunidad para mostrar quiénes somos, cómo trabajamos y por qué lo hacemos. En muchas ocasiones hablo del hecho de que desde los centros educativos debemos generar opinión, somos las personas expertas en educación, por tanto, mediante la comunicación constante con nuestra comunidad, tenemos oportunidad de informar de forma regular y constante para evitar desinformación, rumorología y otros problemas que acarrea la no información. Recordemos que aquello que no contamos nosotros, lo hacen otros por nosotros.

Para comunicar desde el centro educativo hay diferentes herramientas y estrategias que debemos tener en cuenta o ver si podemos adaptar de alguna forma dentro de nuestro equipo:

⇨ Las **publicaciones regulares:** los boletines o comunicados mantienen a nuestra comunidad informada sobre eventos, logros, cambios importantes, novedades u otras informaciones relevantes. En algunos centros educativos con los que he trabajado tenían *newsletter* semanal, quincenal o mensual, para informar de la agenda de actos, informaciones sobre compra de materiales, excursiones, reuniones o eventos en el centro, etc. En este apartado me gusta hablar también de las publicaciones regulares desde cada aula, cada grupo clase. Hay que llegar a acuerdos al respeto, ya que si no lo hacemos podemos encontrarnos con docentes que nunca mandan nada, frente a otros que informan constantemente de actividades, talleres, excursiones, envían imágenes o documentación de forma recurrente a las familias (aquí vemos de nuevo el concepto de coherencia dentro de nuestro proyecto).

⇨ Las **reuniones y charlas informativas** de forma periódica, abiertas a la comunidad o generar espacios de «café pedagógico» nos pueden llevar a tener ocasiones para presentar informaciones, hablar, intercambiar opinión o discutir temas de interés y proporcionar actualizaciones sobre qué estamos haciendo desde nuestro centro educativo al respecto.

⇨ Naturalmente toda escuela o instituto hoy en día cuenta con **redes sociales y espacios web.** Utilizar redes sociales y un sitio web actualizado para compartir noticias, eventos y recursos educativos puede ser de gran utilidad, comprendiendo la finalidad de qué comunicamos en cada uno de estos espacios (no busca lo mismo quien mira nuestra página web que quien mira nuestro perfil en

Instagram). Ya que estas plataformas pueden servir como espacios para la interacción y la retroalimentación, debemos acordar en el seno de nuestro equipo qué tipo de informaciones comunicamos en cada una de las plataformas o redes sociales, con qué lenguaje, qué finalidad queremos lograr, etc.

Participar y organizar **eventos comunitarios** que fortalezcan los lazos con la comunidad y permitan la interacción directa además de permitirnos crear **alianzas estratégicas** con organizaciones locales, empresas y otras instituciones educativas para desarrollar proyectos conjuntos y fortalecer la red de apoyo del centro educativo. Pensamos por ejemplo en la fiesta de final de curso o una recaudación de fondos con finalidades sociales dentro de un proyecto de cooperación. Este momento nos permite generar un espacio de trabajo comunitario donde las familias pueden implicarse organizando comisiones y aportando desde su conocimiento o esfuerzo, y al mismo tiempo nos puede permitir buscar *sponsors,* generar vínculos con entidades del entorno y dar valor a aquello que estamos haciendo y que de nuevo muestra la coherencia dentro de nuestro proyecto educativo.

⇨ Otra manera de conocer a nuestra comunidad (y al mismo tiempo que tengan la percepción de que nos interesa su opinión, que contamos con ellos) y tener *feedback* de aquello en lo que trabajamos o que sucede es **realizar encuestas y consultas** periódicas a padres, estudiantes (naturalmente depende de su edad) y otros miembros de la comunidad para conocer sus opiniones y expectativas. Preguntar sobre opiniones, procesos y su satisfacción, preguntar sobre sus necesidades en algún aspecto que queramos trabajar nos permite ajustar las estrategias de comunicación y gestión según sea necesario.

Supongamos que queremos realizar cambios en el trabajo de aula introduciendo los proyectos multidisciplinarios. Conocer de antemano qué saben las familias o identificar si quieren recibir más información al respecto nos hará conocer en qué momento se encuentran y con qué información cuentan, para poder ir generando nosotros el relato que acompañe al cambio. Aquí quiero hacer un inciso en un hecho y es que a veces en formaciones me han dicho que les da miedo preguntar a familias porque pueden tener la sensación de que por el hecho de responder una cosa u otra se hará lo que ellos quieran o decidan. Naturalmente todo depende de cómo planteemos las preguntas y el contexto que generemos para que entiendan lo que esperamos de las encuestas. En general, tenemos que tener muy claro qué queremos obtener de las preguntas y hasta qué punto estamos dispuestos a cambiar de opinión o recoger lo que recibamos para hacer cambios o ajustes. Quizá las respuestas de nuestra comunidad nos sirvan para ver que hace falta ofrecer más información sobre algún aspecto, que debemos cambiar algún procedimiento o que aquello que damos por sentado o conocido no lo está. Es aquí donde, al escuchar lo que nos digan, empieza nuestro proceso de transformación interna.

⇨ Finalmente, en lo que se refiere a la atención hacia nuestras familias, y hacia nuevas familias o docentes que quieran dirigirse a nosotros, debemos tener presente la **atención personalizada.** Por un lado, debemos proveer canales de atención personalizados, como teléfonos de contacto, correos electrónicos y citas presenciales, para atender consultas y resolver problemas de manera directa y eficaz. Y, por otro lado, debemos encargarnos de tener bien protocolizado cada uno de estos momentos para dar la mejor respuesta posible.

Pondremos aquí varios ejemplos para explicar a qué nos referimos con atención personalizada.

En algunos momentos podemos encontrarnos con docentes que quieran hablar con el equipo directivo o con docentes de nuestro equipo, para conocer cómo se trabaja, el proyecto y valorar si quieren trabajar con nosotros.

En otras ocasiones esta situación puede darse con familias que quieran valorar si nuestra escuela o instituto es el lugar que buscan para sus hijos. Esto no quiere decir solo que tengamos que atenderles al momento, pero sí que debemos dar respuesta sobre dónde pueden encontrar información sobre nosotros, mandarles algunos documentos previos al encuentro presencial o bien proponerles participar en jornadas de puertas abiertas para familias. Pero sea como sea, debemos dar respuesta a las peticiones que recibimos, ya que suponen el primer contacto y es el momento que genera la impronta de nuestra relación con ellos.

En otros momentos hablamos de atención personalizada cuando tenemos **entrevistas de seguimiento personal de alumnos.** Para mí, y desde mi experiencia como madre, este es un momento importante. Cuando como familia vas a hablar de tu hijo o hija, que el docente que te reciba haya preparado bien el encuentro, valore el tiempo que tú estás dedicando fuera de tu trabajo para reunirte (a veces, si es presencial, con desplazamiento desde el lugar de trabajo y adaptándonos a los horarios que se proponen desde el centro educativo), y nos hable de forma ordenada, coherente, pausada, desde el conocimiento y la observación de nuestro hijo o hija, mostrando empatía, cariño, denotando que se preocupa por lo que le sucede y ofreciendo propuestas para trabajar de forma conjunta en casa, da valor al proyecto educativo de centro. En este momento es donde se forja de cerca la confianza y la pertenencia. Como madre he vivido entrevistas de dos minutos donde me han dicho que todo iba bien y que cómo veo yo a mi hijo en casa, y otras entrevistas de una hora donde me han contado cómo le ven emocionalmente, con el grupo, con sus relaciones personales, a nivel de desempeño académico, dónde debe mejorar y cómo hacerlo. Nada que ver la percepción del centro educativo y el vínculo que se genera como familia con el docente ante una entrevista u otra. Por eso, una recomendación que siempre hago en mis formaciones con docentes es la de acordar la estructura, el tempo, la forma, la duración y el contenido de las entrevistas con familias, ya que en aquel momento es muy importante lo que se dice pero tan o más importante es cómo se dice. Podemos encontrarnos con familias preocupadas, molestas con algunas situaciones, mediando en conflictos entre alumnos o familias... lo que sea. Pero sea el escenario que sea, nosotros como profesionales nos debemos a la institución, al proyecto y al valor de nuestros principios pedagógicos, transmitiendo en todo momento seguridad, confianza y control en la gestión de aquello que está sucediendo. Aquí de nuevo quiero apuntar hacia la lealtad institucional del docente. He vivido como madre y como directora situaciones en que en una entrevista se ha criticado a docentes que han tenido al grupo anteriormente o bien al proyecto de centro o el nivel de los alumnos. Debemos tener claro que en el momento que nos situamos ante una familia, nosotros somos una institución educativa. Seamos docentes o equipo directivo, nosotros somos «el centro educativo» para ellos en aquel momento. Somos el sistema educativo llevado a su realidad y a su día a día. Por tanto, la lealtad que mostremos será de nuevo la que permitirá generar confianza con el sistema educativo, con el centro educativo (y todo el equipo de profesionales que trabajamos allí) y con nosotros como docentes.

5.2.1. El cómo hacer posible esta comunicación. Herramientas y tecnologías

Hoy en día existen múltiples **plataformas de gestión escolar.** Algunos gobiernos las proveen y otros dejan a los centros educativos que las escojan libremente. Sea la situación que sea, utilizar plataformas de gestión escolar que faciliten la comunicación con padres, docentes y alumnos, permitiendo el envío de mensajes, notificaciones y la gestión de información académica y administrativa, es una muy buena opción por los siguientes motivos:

⇨ Incluyen **aplicaciones de mensajería:** el uso de aplicaciones de mensajería instantánea para comunicaciones rápidas y eficientes permite generar contacto constante con familias y docentes.

⇨ **Boletines electrónicos *(newsletter):*** como hemos comentado anteriormente, enviar boletines electrónicos de manera regular con información relevante sobre la institución y sus actividades permite estar al día de lo que sucede en el centro y conocer opiniones, valoraciones, novedades u otras informaciones relevantes.

⇨ Permiten incluir **vídeos, fotos** y **multimedia:** crear contenido multimedia, como vídeos informativos y presentaciones, para hacer la comunicación más atractiva y efectiva. Aquí de nuevo la importancia de acordar en nuestro equipo cada cuándo, quién y qué se va a mandar a través de este sistema.

⇨ **Control de asistencia:** permite que las familias reciban al momento si su hijo o hija ha llegado tarde o está ausente. Al mismo tiempo permite al centro llevar un control exhaustivo de la presencialidad de alumnos y docentes en el centro.

⇨ Algunas aplicaciones incluyen otros elementos como el calendario compartido, pago con TPV de materiales, excursiones y cuotas escolares, autorizaciones para excursiones o actos, mandar cuestionarios, entre otros elementos a tener en cuenta a la hora de valorar adquirirlas.

Desde mi punto de vista, uno de los principales motivos para elegir alguna de las aplicaciones específicas para el ámbito educativo es que permiten crear un sistema de comunicación rápido, eficaz y que nos da datos y *feedback* de uso y seguimiento. Es decir, que nos permite decidir quién puede comunicar con quién y saber qué mensajes se mandan, si son leídos o no, si los docentes siguen los acuerdos que hemos tomado en el seno del equipo en lo que a comunicación se refiere, si las familias leen los comunicados que mandamos, etc. Permite tener un canal constante entre las familias y los docentes y que este sea un único canal, bidireccional y con disponibilidad absoluta de tiempo para mandar-recibir mensajes (con esto no quiero decir que se use a tiempo completo, sino que una familia o un docente sabe que puede mandar mensajes en cualquier momento, y que este será recibido por su destinatario en el momento en que la aplicación entre en horario de funcionamiento).

Implementando estas estrategias y herramientas y considerando estos aspectos, un centro educativo puede lograr una comunicación externa efectiva, fortaleciendo así su relación con la comunidad y promoviendo un entorno colaborativo y de apoyo.

Tanto si tenéis como si estáis pensando en adquirir una aplicación de comunicación, os dejo una *checklist* para que, más allá de las posibilidades que tenga una u otra, valoréis su implementación en vuestro centro educativo, vinculado al proyecto de comunicación de centro.

INDICADOR DE LA APLICACIÓN	LO TENEMOS CONTEMPLADO	NO LO TENEMOS CONTEMPLADO/ RECOGIDO
Seguridad (de los datos).		
¿Dónde se almacenan los datos recogidos?		
Nivel de seguridad del servidor.		
¿Con quién se comparten datos? (de la empresa de comunicación).		
IMPORTACIÓN DE DATOS		
¿Desde dónde me deja importar? (¿plataforma gubernamental?).		
¿Permite comunicar con otros sistemas de información?		
¿En qué formato me genera información? (listas, datos, etc.).		

INDICADOR DE LA APLICACIÓN	LO TENEMOS CONTEMPLADO	NO LO TENEMOS CONTEMPLADO/ RECOGIDO
¿Me permite trabajar fácilmente con los datos obtenidos?		
¿Tengo que duplicar procesos para dar la información recogida a la administración educativa (inspección, departamento, etc.)?		
ÁRBOL DE COMUNICACIONES		
Me permite crear mi propia estructura.		
Puedo decidir con quién se comunica cada grupo.		
Permite activar/desactivar bidireccionalidad.		
Puedo establecer horario de conexión y respuesta.		
SEGUIMIENTO DE ASISTENCIA		
Se comunican faltas de asistencia a familias.		
Permite compartir los datos con la administración educativa.		
Permite vincular la asistencia de alumnos con las becas de comedor.		
TIENE FORMATO *NEWSLETTER*		
TIENE UN MURO PARA COMPARTIR NOTICIAS		
PERMITE CREAR PERFILES DE ALUMNO		
Recoge autorizaciones.		
Recoge alergias y medicamentos.		

INDICADOR DE LA APLICACIÓN	LO TENEMOS CONTEMPLADO	NO LO TENEMOS CONTEMPLADO/ RECOGIDO
Permite guardar entrevistas y evaluaciones.		
INCLUYE CALENDARIO ESCOLAR		
INCLUYE COMUNICACIONES DE AFA O EXTRAESCOLARES		
TIENE OPCIÓN DE CREAR HORARIOS CON IA		
Otros.		

Como podéis ver, una aplicación de comunicación educativa va mucho más allá de un simple modo de mandar mensajes, ya que la información que nos permite recoger y trabajar garantiza que podemos tener datos fiables para tomar las mejores decisiones organizativas para nuestro centro.

Más allá de esto, en algunas administraciones educativas ya se permite que estas aplicaciones se comuniquen con los sistemas propios de cada administración, evitando así la burocracia y el tener que hacer procesos de recogida de datos por duplicado; por tanto, si un centro recoge los datos en una aplicación, puede comunicarse a la inspección educativa, la administración o quien los demande, sin tener que cambiarlos de formato o hacer otros procesos intermedios, simplificando así procesos de recogida de datos.

6. COMUNICACIÓN DE CRISIS

Lo habitual en una escuela o institución educativa es que no pase nada grave, a pesar de que cada día suceden miles de pequeños conflictos y situaciones a resolver; sabemos que en las situaciones de conflicto es en el momento que nos jugamos la reputación del colegio.

Si algún día tenéis la oportunidad de vivir un día en un centro, veremos que siempre hay algún incidente en el recreo, que alguien llega tarde, que llama alguna familia con alguna situación a resolver, que alguien pierde algún objeto... mil y una anécdotas que llenan los correos de gestión de preguntas, que inundan los teléfonos de llamadas y los bolsillos de algunas maestras de anotaciones de «cosas a tener en cuenta» que suman notas de familias, objetos que hemos encontrado o anotaciones de temas a recordar a una familia en el momento que recoja a su hijo por la tarde.

Tener estrategias comunicativas en estos momentos es clave por un lado para unificar respuestas, saber dónde hacer las preguntas pero también para ahorrar tiempo y malentendidos tanto a familias como a profesionales.

En primer lugar, cuando hago formaciones una de las primeras actividades que llevamos a cabo con el equipo de trabajo es la de **definir qué es una situación de crisis.** Podemos encontrar personas que nos enumeran situaciones excepcionales (caída de un árbol, ratones en el patio, incendio, etc.), pero lo cierto es que la mayoría de docentes entienden que la gestión de una situación de crisis necesita un acuerdo sobre qué hacer con incidentes diarios (pérdida de algún objeto personal, peleas, incidentes en el comedor, ausencia de profesores, etc.). Sea como sea, con el equipo docente (y personalmente me gusta hacerlo extensivo al personal de comedor y actividades extraescolares así como también con todo el personal que trabaja en el centro educativo) hay que acordar qué es un crisis para poder trabajar sobre cómo comunicarla.

Una vez hayamos decidido qué es para nosotros una situación excepcional que requiere un protocolo de actuación diferente al que haríamos con cualquier otra situación habitual de clase, debemos tomar decisiones relativas a:

⇨ Establecer **acuerdos sobre la cadena de comunicaciones,** teniendo en cuenta quién comunicará a quién y a través de qué canales lo hará. Aquí hago hincapié en un factor clave, que es que cualquier situación, por poco excepcional que nos parezca, la comuniquemos siempre al equipo directivo, ya que siempre será quien deba dar respuesta como institución a una situación ocurrida en el seno de la escuela. Valorar la situación con el equipo directivo nos permitirá tener un punto de vista distinto, dar a conocer la situación a los responsables de la institución y valorar la respuesta desde otra mirada más objetiva.

⇨ **Crear una comisión de crisis,** tal y como apunta Núñez (2017), que debe estar formada por todo el equipo directivo, la persona o personas responsables de comunicación (en caso de que las haya) y responsables de la titularidad. A partir de aquí se programarán reuniones periódicas para el seguimiento y toma de decisiones a seguir en toda la institución.

⇨ En caso de situaciones excepcionales, será necesario **nombrar un portavoz o decidir quién o quiénes informarán dentro o fuera de la institución.**

⇨ En este caso será importante tener en cuenta que las personas que forman parte de nuestra comunidad merecen tener información de primera mano antes de que esta sea pública, recordando la máxima de dar confianza y garantizar que desde la institución gestionamos la información que sale, antes de que llegue por otras fuentes y no sea lo que nosotros queremos comunicar.

Si el centro educativo cuenta ya con un plan de comunicación interna que contempla los canales a través de los que se hacen las comunicaciones dentro de la comunidad, se deberá comunicar por los canales acordados. En caso de no tenerlo recogido y acordado, se tendrán que crear canales de comunicación exclusivos para tal finalidad.

Con lo que tiene que ver con comunicar fuera de la comunidad, será necesario acordar un relato único así como reforzar la idea de comunicación única desde una única fuente y con un único referente comunicativo.

Los momentos de crisis, en función de la gestión que hagamos desde la institución, pueden ser una oportunidad para ponerse al servicio de los demás, buscando solucionar un problema, su problema. En el momento que las personas tenemos un problema con un servicio, lo primero que valoramos es la voluntad de dar respuesta, ya que sentir que están buscando ayudar nos indica fiabilidad, respeto, seguridad y confianza.

Piensa en algún momento en que como usuario o cliente te hayas encontrado con un problema en algún servicio. Naturalmente quieres que se solucione el problema y que se haga de forma rápida, pero ante todo quieres ser atendido, que se escuche tu necesidad de información y respuesta, y que se actúe para conseguirlo.

En una institución educativa contamos con un alto índice de compromiso por parte de las personas que forman nuestra comunidad educativa, y en tanto que nos debemos a ellas, tenemos que hacer lo posible por atenderlas, escucharlas y darles respuesta. Naturalmente, si podemos solucionar su problema, mejor que mejor, pero si no lo podemos solucionar, deben conocer el motivo por el cual no ha sido posible hacerlo y la opciones que tienen ante esta situación.

Ante una situación que requiere una respuesta, debemos plantear si tenemos establecido o acordado lo siguiente:

Atención y resolución de consultas:

⇨ Responder a las preguntas y consultas de los clientes de manera rápida y precisa. Proporcionando información sobre servicios, políticas de la institución y procedimientos.

Resolución de problemas y quejas:

⇨ Gestionar y resolver las quejas y problemas de los clientes de forma efectiva y eficiente. Estableciendo tiempos de respuesta así como canales para dar-recibir información.

«Educación» de la comunidad educativa:

⇨ Informar y educar a las personas de nuestra comunidad sobre el uso adecuado de los canales de comunicación, los procedimientos o los acuerdos de nuestro centro educativo facilitando los documentos que recogen los acuerdos, tutoriales en línea y sesiones de formación en caso de que sea necesario (por ejemplo si el centro se comunica con alguna aplicación que hay que descargar, darse de alta, etc.).

Recopilación y análisis de *feedback:*

➪ Recoger y analizar las opiniones y sugerencias de familias y docentes para mejorar el servicios realizando encuestas de satisfacción y utilizar los resultados para hacer mejoras continuas.

Documentación y registro de interacciones:

➪ Mantener registros detallados de todas las interacciones con familias o docentes para referencias futuras y para garantizar que se recoge objetivamente lo sucedido utilizando sistemas de gestión de relaciones para registrar conversaciones y resoluciones (debemos enumerar qué ha sucedido, dónde, cómo se ha relatado, quién lo ha presenciado, qué decisiones se han tomado, cómo se ha comunicado..., con el máximo detalle y objetividad posible).

Gestión de expectativas del cliente:

➪ Debemos establecer expectativas realistas y claras para las personas que se dirigen a nosotros para solucionar un problema, sobre lo que pueden esperar en términos de respuesta, servicios y tiempos de resolución. Esto incluye informar sobre los tiempos estimados de respuesta o bien de procedimientos paralelos para obtener respuestas (a veces la respuesta tiene que ver con tener una contestación institucional más elevada, por ejemplo en caso de reclamaciones de expedientes de otra escuela, o que interaccionan con instituciones como las gubernamentales o los ayuntamientos locales).

Proactividad en la comunicación:

➪ En cualquier caso, anticiparse a las necesidades de los clientes y comunicarse de manera proactiva para prevenir problemas informando sobre cambios en políticas del centro, entradas, salidas, excursiones, situaciones excepcionales por causa de la meteorología, recordatorios de mantenimiento o posibles interrupciones por causas internas o externas, sustitución de profesores, adquisición de materiales, etc.

Como hemos visto, gestionar bien una situación de crisis nos puede llevar a generar un vínculo más fuerte dentro de nuestra comunidad, o bien puede generar una crisis reputacional que tendremos que encarar. Núñez (2005) en su libro nos habla de organizar un plan de recuperación recogiendo datos de lo sucedido y establecer un plan para recuperar la imagen perdida. Para ello será necesario buscar cómo rehacer el relato de lo sucedido, evitando mentir o esconder información, pero sí contemplando acciones concretas a nivel comunicativo que nos ayuden a recuperar nuestra imagen y reputación.

Desde mi experiencia personal, en centros que han sufrido situaciones muy graves como abusos sexuales o violencias lo mejor es aceptar la situación (ni esconder, ni negar ni mentir), pedir disculpas públicamente cuando se deba hacer, reconocer los errores y trabajar para mejorar en aquello que hemos fallado ya sea creando protocolos, formando a profesionales en algún ámbito específico, buscando ayuda especializada o lo que sea necesario para revertir la situación sucedida.

Aquí vuelvo a hacer referencia a una función importante y destacada de los centros educativos que es generar opinión. Hacerlo implica mojarse y posicionarse. A veces no es fácil, pero aceptar lo sucedido y llevar a cabo acciones no siempre basta si no se dice públicamente qué opción hemos tomado y por qué.

Pongamos un ejemplo académico, para no entrar en situaciones más complejas. Supongamos que un centro educativo tiene unos resultados excepcionalmente bajos en algún momento en pruebas externas o internacionales. Esconder la verdad nos causará más problemas que otra cosa. Mi recomendación sería en primer lugar crear opinión sobre el contexto. Por ejemplo, si es una prueba internacional como PISA debemos explicar a la comunidad cada cuánto se lleva a cabo, qué evalúa, qué resultados nos da, pero sobre todo debemos posicionarnos. Debemos ser transparentes diciendo qué resultados hemos obtenido y sobre todo qué actuaciones empezaremos a implementar para mejorar. Quizá los resultados puedan estar condicionados por factores como el COVID-19, por un grupo excepcionalmente perjudicado por entradas y salidas de alumnos o altas y bajas de profesores o por el motivo que sea. Nuestra comunidad quiere saber qué sucede, pero sobre todo lo que necesita escuchar es qué hacemos con lo que ha sucedido para evitar que vuelva a ocurrir.

Dando respuestas es como ganamos más confianza y más vínculo con las personas que forman nuestra comunidad. No sirve de nada dar excusas, pero sí que debemos dar explicaciones coherentes, contextualizadas y que den respuesta a lo sucedido, asumiendo responsabilidades en el momento que sea necesario.

7. RECOMENDACIONES PARA LA ELABORACIÓN DE LA ESTRATEGIA Y EL PLAN DE COMUNICACIÓN DE UNA INSTITUCIÓN EDUCATIVA

En cada capítulo del libro hemos ido compartiendo experiencias, datos y hemos dado algunas estrategias, ejemplos e informaciones que pueden servir para que un equipo docente empiece a hacer su plan de comunicación.

A continuación, hago algunas aportaciones a tener en cuenta y propongo una posible *checklist* de elementos a valorar si estamos pensando en poner el foco en nuestro plan de comunicación.

En las mentorías que hago en algunos centros que tienen situaciones de crisis provocadas por una mala gestión de la comunicación encuentro que lo primero que quieren hacer es cambiar el logo o renovar su página web. Y no está mal hacer un cambio cuando queremos mostrar que hemos cambiado, pero no sirve de nada hacerlo si no tenemos en cuenta que esto debe formar parte de un plan y una estrategia para cambiar algunas cosas que, por la razón que sea, no nos han funcionado con anterioridad.

Por eso, lo primero que debemos saber es **para qué queremos un plan de comunicación.** No es lo mismo si lo que necesitamos es ordenar nuestro centro educativo por dentro, es decir, saber dónde tenemos las informaciones, cómo nos comunicamos entre nosotros, si nuestras reuniones son efectivas y tenemos identificados protocolos y responsables, o bien si lo que buscamos es captar más alumnos e incrementar la matrícula o solucionar una situación crítica que hayamos tenido.

En consecuencia, hacer un plan, es decir, planificar, incluye en sí mismo pensar antes de actuar en qué acciones llevaremos a cabo para mejorar alguna cosa. La diferencia entre un plan y una estrategia es que la estrategia busca el mejor plan para conseguir aquello que queremos.

Las palabras «plan» y «estrategia» a menudo se utilizan en contextos similares, pero tienen significados distintos. Una **estrategia** es un enfoque general y a largo plazo para alcanzar un objetivo. Implica una visión amplia de cómo se deben alinear los recursos y las acciones para lograr una meta. Esta se centra en la dirección general y en las decisiones fundamentales. Responde a la pregunta de «¿cómo vamos a alcanzar nuestro objetivo?».

En cambio, un **plan** es un conjunto detallado de pasos o acciones específicas que se deben seguir para implementar una estrategia. Es más concreto y orientado a corto o mediano plazo. Se enfoca en la ejecución práctica y en los detalles operativos necesarios para llevar a cabo la estrategia y responde a la pregunta de «¿qué acciones específicas debemos tomar y cuándo?».

Por tanto, vemos que la estrategia establece el «qué» y el «porqué» de los objetivos a largo plazo, mientras que el plan detalla el «cómo» y el «cuándo» para ejecutar la estrategia.

Vemos por tanto que las estrategias a seguir en cada momento serán distintas en función de los objetivos que queramos lograr, por este motivo el equipo directivo en primer lugar debe identificar qué le lleva a pensar que necesita un plan o una estrategia de comunicación. Quizá tenemos constantemente quejas de familias que no saben cómo trabajamos, nos comparan con otros centros, no entienden qué hacemos o qué esperamos de ellos... Quizá queremos hacer cambios en nuestro proyecto y buscamos implicación y participación. Quizá queremos mejorar nuestra comunicación hacia fuera con las persona que no forman parte de nuestra comunidad para que se acerquen a conocernos.

Sea lo que sea, debemos identificarlo, cuantificar (es decir, recoger datos con un sistema de indicadores) y a partir de aquí implicar a quienes deben intervenir en ello. Una vez tengamos información valoraremos si debemos formarnos, si lo hacemos solos, si buscamos documentos de referencia o si pedimos ayuda a nuestros servicios educativos de referencia o personas del entorno que puedan ayudarnos.

A partir de aquí trazaremos nuestro plan de acción, que incluirá una estrategia de comunicación, empezando con una recogida de datos iniciales, pero también un seguimiento de estos, porque si empezamos a hacer cambios y no recogemos si funcionan o no, quemaremos a las personas que se implican y que se mueven para conseguir esta mejora. Por eso, haremos una monitorización del proceso, a partir de los objetivos que nos marquemos y los tiempos que tengamos.

De forma esquemática, los pasos a seguir serían:

⇨ Definir objetivos.
⇨ Determinar qué se quiere lograr con el diagnóstico: identificar problemas, mejorar procesos, aumentar la participación, etc.
⇨ Recolección de información:

- Análisis documental: revisar documentos existentes, como políticas de comunicación, informes anteriores, boletines, comunicados, etc.
- Entrevistas: realizar entrevistas con directivos, docentes, personal administrativo, estudiantes, padres y otros actores relevantes.
- Encuestas y cuestionarios: diseñar y distribuir encuestas a diferentes grupos de interés para obtener información cuantitativa y cualitativa sobre la comunicación en el centro.
- Observación directa: observar cómo se llevan a cabo las comunicaciones diarias en el centro, incluyendo reuniones, uso de plataformas digitales, etc.

➪ Análisis de la información recogida:

- Identificación de canales de comunicación: identificar todos los canales de comunicación utilizados (boletines, redes sociales, reuniones, etc.).
- Evaluación de la efectividad de los canales: analizar la efectividad de cada canal en términos de alcance, frecuencia, claridad y respuesta de los receptores.
- Detección de problemas y barreras: identificar problemas comunes y barreras que dificultan la comunicación efectiva, tales como falta de claridad, tiempos de respuesta lentos, desinformación, etc.

➪ Análisis DAFO (debilidades, amenazas, fortalezas y oportunidades):

- Debilidades: reconocer las áreas que necesitan mejora o que están afectando negativamente a la comunicación.
- Amenazas: identificar factores externos que podrían perjudicar la comunicación, como cambios en la legislación o competencia con otras instituciones.
- Fortalezas: identificar los aspectos positivos y efectivos de la comunicación actual.
- Oportunidades: detectar oportunidades para mejorar la comunicación, como nuevas tecnologías o alianzas estratégicas.

➪ Elaboración del informe de diagnóstico:

- Resumen: incluir un resumen de los hallazgos principales.

- Descripción detallada: proporcionar una descripción detallada de los métodos utilizados y los resultados obtenidos.
- Gráficos y tablas: utilizar gráficos y tablas para visualizar datos importantes.
- Conclusiones y recomendaciones: concluir el informe con recomendaciones específicas para mejorar la comunicación en el centro educativo.

⇨ Presentación a nuestra comunidad educativa:

- Presentar el informe a docentes y otros actores clave del centro educativo.
- Validar los hallazgos y las recomendaciones con los grupos de interés para asegurar que el diagnóstico refleje con precisión la situación comunicativa y que las recomendaciones sean viables y relevantes.

⇨ Implementación de mejoras:

- Desarrollar un plan de acción basado en las recomendaciones del diagnóstico.
- Asignar responsabilidades y establecer un cronograma para la implementación de mejoras.
- Realizar seguimiento y evaluación continua para asegurar que las mejoras estén teniendo el impacto deseado.

En cuanto al documento que generemos como plan de comunicación, debería incluir:

Contexto

⇨ ¿Quiénes somos y cómo lo contamos?
⇨ ¿Qué historia tenemos y a través de qué personas, herramientas o canales la contamos?
⇨ ¿En qué momento estamos actualmente?

Objetivos del plan de comunicación

⇨ ¿Cómo lo hemos trabajado?
⇨ ¿Por qué es importante?

⇨ ¿Qué valor damos a la comunicación en el centro educativo?

- Interna.
- Externa.
- Con familias.
- Con el ayuntamiento.
- Con entidades.
- Con servicios.

Análisis de la situación

⇨ Identificación de los sectores con los que nos comunicamos y cómo lo hacemos:

- Familias.
- Personal docente.
- Personal administrativo y de servicios del centro.
- Comunidad local.

⇨ Necesidades de comunicación de cada una de las partes.
⇨ Análisis de canales de comunicación existentes.

Objetivos de la comunicación

⇨ Objetivos específicos:

- Mejorar la comunicación con las familias.
- Facilitar información al público general.
- Fortalecer la comunicación interna del centro.
- Coherencia y consistencia en la comunicación (mirada sobre el usuario y pensando qué coherencia damos a lo que reciben las familias).

Canales de comunicación

⇨ Comunicación interna (qué utilizamos y qué uso le damos):

- Correo.
- WhatsApp.
- Canal propio.

- Aplicación.
- Reuniones de personal docente y claustro (actas, documentos, acuerdos):

  ✓ ¿Dónde se dispone la información?
  ✓ ¿Dónde se recoge?
  ✓ ¿Quién lo lee, qué *feedback* da?

- Plataformas internas (*classroom, moodle,* etc., ¿cómo se recoge la información?, ¿dónde se guarda?).

⇨ Comunicación externa:

- ¿Panel de anuncios?
- ¿Web?
- ¿Agenda?
- ¿Aplicación?
- ¿Boletín?
- Artículos, anuncios, intervenciones en medios de comunicación local.
- ¿Cómo contactar con el centro?

  ✓ Teléfono.
  ✓ Correo.
  ✓ Correo del profesorado.
  ✓ Aplicación de comunicación.
  ✓ Espacio web/paneles informativos del centro/aulas con cartelería.

- Redes sociales (¿cuáles y con qué finalidad?, ¿quién está al cargo?).
- Boletín informativo (cómo se recoge la información, dónde, en qué momento, quién lo escribe, quién lo manda).
- Eventos escolares/fiestas.
- Jornadas de puertas abiertas.
- Calendarios de comunicación (se puede incluir este apartado en el punto anterior cuando se detalla cada uno de los elementos).
- Planificación de actividades de comunicación:

  ✓ Informes (¿cuándo, cómo llegan a las familias?).

✓ Frecuencia de actualizaciones, publicaciones, envíos.

  – Por ejemplo: cada clase semanalmente publica una noticia.
  – De las colonias o campamentos informamos llegada y salida/informamos cada día...

⇨ Recursos y responsabilidades:

• Asignación de roles vinculados a la comunicación:

  ✓ Profesorado (¿qué, cuándo, cómo y a quién comunica?).
  ✓ Equipo directivo (¿qué, cuándo, cómo, a quién comunica?).
  ✓ Coordinación de la comunicación (¿quién supervisa?).
  ✓ Comunicaciones específicas para momentos o grupos determinados (con AMPA, con consejo escolar, con ayuntamiento, para puertas abiertas, para fiestas...).
  ✓ ¿Qué contenido comunicamos de manera recurrente? - recopilación para el centro (optimización del tiempo).
  ✓ Ajustes y mejoras continuas.

Modelos y plantillas de

⇨ Boletín-*newsletter.*
⇨ Documentos de permisos.
⇨ Plantillas de salidas/talleres.
⇨ Modelo de correos a familias.
⇨ Modelo de informes y evaluaciones.
⇨ Modelos de presentaciones reuniones con familias.
⇨ Escaleta de entrevistas con familias y otros profesionales externos.

EPÍLOGO

A lo largo del recorrido de este libro hemos explorado los múltiples aspectos de la comunicación educativa: sus fundamentos, herramientas, desafíos y posibilidades en un contexto cambiante. La educación no es solo una transferencia de conocimientos, sino un proceso continuo de diálogo, interacción y construcción conjunta. Dado que el ámbito educativo se fundamenta en las personas que forman parte de sus equipos, sus comunidades y sus líderes, es en esta interacción donde la comunicación juega un papel crucial.

El siglo XXI nos presenta un escenario educativo dinámico, lleno de nuevas tecnologías, metodologías y entornos que exigen adaptabilidad y creatividad. Sin embargo, más allá de las herramientas que evolucionan, permanece un elemento constante: la necesidad de establecer conexiones auténticas entre quienes enseñan y quienes aprenden. La comunicación efectiva no se trata solo de transmitir mensajes, sino de crear puentes que permitan la comprensión mutua, el pensamiento crítico y el crecimiento personal.

Aquí la participación de los docentes, las familias y los alumnos en la comunicación educativa adquiere un valor central. Entender lo que hacemos como centro educativo requiere de un esfuerzo de comunicación muy diferente al de hace tan solo unas décadas.

Esta breve guía no pretende ser una conclusión definitiva sobre el vasto campo de la comunicación educativa, sino más bien una invitación a seguir explorando y reflexionando sobre el poder de la palabra, la escucha activa y el respeto en las comunidades educativas, ya sea física o virtualmente. Cada docente, facilitador o comunicador que se embarca en esta tarea está llamado a ser no solo un transmisor de información, sino un agente de cambio, consciente de que cada interacción educativa puede marcar una diferencia profunda en la vida de los demás. La suma de estas interacciones es lo que lleva a crear un concepto de centro educativo que se comparte y se explica más allá de la información que la propia escuela o instituto pueda dar.

Así, dejamos este espacio abierto para que cada lector, desde su propia experiencia, continúe escribiendo su propia historia de comunicación educativa. Porque, en última instancia, educar es comunicar, y comunicar es transformar.

REFERENCIAS BIBLIOGRÁFICAS

Alegre Canosa, M. Á. y Benito Pérez, R. (2012). What do families take into account when choosing their children's school? Factors of school choice and discard in the city of Barcelona. *Profesorado, Revista de Currículum y Formación del Profesorado, 16*(3), 59-79. https://revistaseug.ugr.es/index.php/profesorado/article/view/19997

Asuar, B. (2020). Las desigualdades sociales se acentúan en la cuarentena educativa. *Público* (18 de marzo). https://cutt.ly/ktxdWd8

Ballesté, E. y Ferrer, F. (2012). ¿En qué se fijan las familias a la hora de escoger la escuela de sus hijos? Factores de elección y descarte escolar en la ciudad de Barcelona. *Revista de Curriculum y Profesorado, 16*(3), 375-398.

Bly, R. W. (2020). *The copywriter's handbook.* St. Martin's Griffin.

Bolívar, A. (2005). *La ciudadanía a través de la educación. Seminario 2005 año europeo de la ciudadanía a través de la educación.* Ministerio de Educación y Ciencia.

Bonal, X., Zancajo, A. y Scandurra, R. (2019). Segregació residencial y segregació escolar dels estudiants estrangers a Barcelona. *Urban Studies, 56*(15), 3251-3273. https://doi.org/10.1177/0042098019863662

Bonal Sarró, X. y Zancajo Villa, A. (2020). Elección de escuela, movilidad y segregación escolar del alumnado vulnerable en Barcelona. *REICE. Revista Iberoamericana sobre Calidad, Eficacia y Cambio en Educación, 18*(4), 197-218.

Bryk, A. S. y Schneider, B. (2002). *Trust in schools: A core resource for improvement.* Russell Sage Foundation.

Butler, T. y Van Zanten, A. (2007). Elecció de l'escola: una perspectiva europea. *Journal of Education Policy, 22*(1), 1-5. https://doi.org/10.1080/02680930601065692

CAHCIT (2004). *Año europeo de la ciudadanía a través de la educación 2005. Aprender y vivir la democracia.* Ministerio de Educación y Ciencia.

Cantón Mayo, I. (2004). *La organización escolar normativa y aplicada.* Biblioteca Nueva.

Cantón Mayo, I. (2004). *Planes de mejora en los centros educativos.* Aljibe.

Cassell Delors, J. (1996). *La educación encierra un tesoro.* Santillana.

Cebaquedas, R. P., Peinado, C. y Albuquerque, M. (1999). Algunas reflexiones sobre los deberes tradicionales desde la práctica del aula. *Cultura y Educación, 11*(1), 61-70. https://doi.org/10.1174/113564002320584844

Cooper, H. (1989a). *Homework.* Longman. https://doi.org/10.1037/11578-000

Cooper, H. (1989b). Synthesis of research on homework. *Educational Leadership, 47*(3), 85-91.

Cooper, H. (2001). Homework for all. In moderation. *Educational Leadership, 58*(7), 34-38.

Cosner, S. (2009). Building organizational capacity through trust. *Educational Administration Quarterly, 45*(2), 248-291. https://doi.org/10.1177/0013161X08330 502

Doucet, A. y Epstein, J. L. (1990). School and family connections: Theory, research and implications for integrating sociologies of education and family. *Marriage and Family Review, 15,* 99-126. https://doi.org/10.1300/J002v15n01_06

Fernández, C. (2013). *Rendimiento escolar y contexto social en educación primaria.* Universidad de Almería.

Fernández-Freire, L., Rodríguez, B. y Martínez, R. A. (2019). Padres y madres ante las tareas escolares: la visión del profesorado. *Aula Abierta, 48*(1), 77-84. https://doi.org/10.17811/rifie.48.1.2019.77-84

Fernández, P. y Bajac, H. (2012). *La gestión del marketing de servicios. Principios y aplicaciones para la actividad genencial.* Granica.

FSIPE (2005). *Foro social ibérico por la educación.* Carta de Córdoba. FSIPE.

Gairín, J. (2003). *Gestión del cambio en las organizaciones educativas.* Graó.

Garcés, M. (2020). Reflexiones de la nueva era. *El Diario de la Educación* (2 de abril). https://cutt.ly/btHJyHD

Giannini, S. (2020). La Unesco advierte de que el cierre de escuelas por coronavirus puede aumentar las desigualdades sociales. *El País* (6 de marzo). https://cutt.ly/BtHLlgG

Giannini, S. y Ablrectsen, A. B. (2020). El cierre de escuelas debido a la Covid-19 en todo el mundo afectará más a las niñas. *Unesco. Revista Internacional de Educación para la Justicia Social, 15.*

Gillborn, D. y Youdell, D. (2000). *Rationing education: Policy, practice, reform and equity.* Open University Press.

Girona, J. M. (2020). El coronavirus no es igual per tothom. *El Diari de l'Educació* (19 de marzo). https://cutt.ly/dtxdZ7I

Godin, S. (2018). *Esto es marketing: no puedes ser visto hasta que aprendas a ver.* Deusto.

Habermas, J. (2005). Equal treatment of cultures and the limits of postmodern liberalism. *The Journal of Political Philosophy, 13*(1), 1-28. https://doi.org/10.1111/j.1467-9760.2005.00211.x

Hargreaves, A. (2020). Teachers must lead schools' response to Covid-19. *TES* (3 de abril). https://cutt.ly/8tZVuoa

Herrera Álvarez, Á. M. (2017). *El marketing educativo en una sociedad del conocimiento.* Universidad Nacional de Educación Enrique Guzmán y Valle. Perú. ORCID: 0000-0002-6399-3850.

Herrero, Y. (2020). Reflexiones de la nueva era. *El Diario de la Educación* (31 de marzo). https://cutt.ly/ptHJSGM

https://www.micole.net/

https://www.oecd.org/pisa/pisaproducts/pisainfocus/PIF-51(eng)-FINAL.pdf

Jiwa, B. (2013). *The fortune cookie principle: The 20 keys to a great brand story and why your business needs one.* Perceptive Press.

Jiwa, B. (2019). *The right story: Building a narrative that fits your brand, your business, and your life*. Perceptive Press.

Katz, S. y Earl, L. (2010). Learning about networked learning communities. *School Effectiveness and School Improvement, 21*(1), 27-51. https://doi.org/10.1080/09243450903569718

Kotler, P., Kartajaya, H. y Setiawan, Y. (2021). *Marketing 6.0 el futuro immersivo*. Lid Editorial.

Lareau, A. y Goyette, K. (eds.) (2014). *Escollint llars, escollint escoles*. Fundació Russell Sage.

Llorente, C. (2019). *Marketing educativo. Captación y fidelización de alumnos*. ESIC.

López, I., Ridao, P. y Sánchez, J. (2004). Las familias y las escuelas: una reflexión acerca de entornos educativos compartidos. *Revista de Educación, 334*, 143-163.

Lyinch, P. y Blanton, J. (2023). *Plan de marketing digital paso a paso*. Azul Océano Ediciones.

Martí, F. (2020). Cal allargar el curs escolars? Com es compensen les desigualtats educatives derivades de la crisi del coronavirus? *El Diari de l'Educació* (30 de marzo). https://cutt.ly/WtDAWd9

Martín, Á. y Morales, J. A. (2013). La apertura de los centros educativos a su entorno: los centros de educación secundaria. *Perspectiva Educacional, 52*(1), 68-96. https://doi.org/10.4151/07189729-Vol.52-Iss.1-Art.119

Martín-Moreno, Q. (2000). *Bancos de talento. Participación de la comunidad en los centros docentes*. Sanz y Torres.

Martín-Moreno, Q. (2004). La dirección escolar y la conexión con el entorno. *Enseñanza & Teaching, 22*, 103-138.

MECD (2014). *La participación de las familias en la educación escolar*. Ministerio de Educación, Cultura y Deporte.

Mingorance, P. y Estebaranz, A. (2009). Construyendo la comunidad que aprende: La vinculación efectiva entre la escuela y la comunidad. *Fuentes, 9*, 179-199.

Muñoz, J. A. (2017). Derecho a la educación. En A. Vega (coord.), *Los derechos humanos en la educación superior* (pp. 690-710). Universidad de La Rioja.

Muñoz, J. L. (2009). *La participación de los municipios en la educación*. Editorial Popular.

Muñoz, J. L. (2012). *Ayuntamientos y desarrollo educativo*. Editorial Popular.

Naciones Unidas (1989). *Convención sobre los derechos de la infancia*.

Naciones Unidas y Nogueria, R. (2020). El coronavirus agranda la brecha educativa. *Ethic* (12 de marzo). https://cutt.ly/8txdvHJ. J. L. Muñoz Moreno y L. Lluch Molins, 16.

Novo, R. y Prada, A. (2016). Relación escuela-familia: ¿qué nos dicen los mensajes escritos? En J. L. Castejón (coord.), *Psicología y educación: presente y futuro* (pp. 2899-2905). ACIPE.

Núñez, V. (2005). *El marketing educativo: cómo gestionar la demanda en los centros docentes*. La Muralla.

ONU, Unesco (1990). Declaración mundial sobre educación para todos: satisfacción de las necesidades básicas de aprendizaje. *Revista Internacional de Educación para la Justicia Social, 17*.

Sholstack, A. (2007). Definición de servicio en el contexto moderno. *Revista de Servicios Globales, 12*(3), 45-60.

Tomás, M. (2007). Cultura de centro: un factor clave para el desarrollo organizativo. *Revista de Educación, 342*, 51-76.

Unesco (2015a). *Informe de seguimiento de la educación para todos en el mundo. La educación para todos, 2000-2015: logros y desafíos.*

Unesco (2015b). *Declaración de Incheon: educación 2030.*

Unesco (2016). *Educación 2030: declaración de incheon y marco de acción para la realización del objetivo de desarrollo sostenible, 4.* https://cutt.ly/vtDS7Va

Unesco (2020). *Impacto de Covid-19 en la educación.*

Vázquez, E. (2008). Organizar y dirigir centros educativos con el apoyo de las tecnologías de la información y de la comunicación. *Enseñanza & Teaching, 26*, 59-79.

TÍTULOS PUBLICADOS

50 técnicas psicoterapéuticas, *L. Nomen.*

Abordaje terapéutico grupal en salud mental, *I. Gómez y L. Moya.*

Amando sin dolor, disfrutar amando, *F. Gálligo.*

Ansiedad social, *M.ª N. Vera y G. M.ª Roldán.*

Apoyo psicológico en situaciones de emergencia, *J. M. Fernández.*

Aulas sin bullying, aulas sin miedo, *T. García Arias.*

Autoliderazgo y conducción de grupos, *M.ª Palacin y A. Alma.*

Bulimia nerviosa, *I. Dúo, M.ª P. López, J. Pastor y A. R. Sepúlveda.*

Bullying, ciberbullying y sexting, *J. A. Molina y P. Vecina.*

Calidad de vida y bienestar en la vejez, *M.ª del M. Ferradás y C. Freire.*

Cine, metáforas y psicoterapia, *I. Caro (coord.).*

Claves para aprender en un ambiente positivo y divertido, *B. García (dir.).*

Cómo potenciar las emociones positivas y afrontar las negativas, *C. Maganto y J. M.ª Maganto.*

Cómo sobreponerse a la ansiedad, *I. Zych.*

Comprender la ansiedad, las fobias y el estrés, *J. Rojo.*

Consumir sin consumirse, *J. M.ª Arana y D. de Castro.*

Deja atrás la depresión y alcanza la felicidad, *F. L. Vázquez, P. Otero, Á. J. Torres y M. Arrojo.*

Deje de sufrir por todo y por nada, *R. Ladouceur, É. Léger y L. Bélanger.*

Desde el principio, *Marta Giménez-Dasí.*

Discapacidad intelectual en la empresa, *A. de la Herrán y D. Izuzquiza.*

Discriminación por obesidad, *J. I. Baile.*

¿Dónde están los hombres?, *J. Ramos Brieva.*

Educación social y atención a la infancia, *M. Fernández, J. M. Fernández y A. Hamido.*

Educación vocal, *M.ª J. Fiuza.*

El complejo mundo de las relaciones interpersonales, *M.ª I. Monjas.*

El duelo y la muerte, *L. Nomen.*

El estrés en cuidadores de mayores dependientes, *M.ª Crespo y J. López.*

El suicidio en la adolescencia, *L. Pérez y Nicolás Sánchez.*

El TDAH, *R. Lavigne y J. F. Romero.*

El trastorno obsesivo-compulsivo, *A. Gavino.*

Emociónate, *A. Soldevila.*

Enseñar en la universidad, *M. Brauer.*

Estrés, maltrato infantil y psicopatología, *J. Toro.*

Felizmente, *C. Valiente, R. Espinosa, A. Contreras, A. Trucharte, J. Nieto, B. Lozano, V. Peinado y R. Caballero.*

Formación de formadores, *P. del Pozo.*

Gestión de emociones en el día a día, *J. M. Mestre, J. M. Gutiérrez-Trigo, C. Guerrero y R. Guil.*

Guía básica para la comunicación en educación, *N. Mora Lorente.*

Guía de intervención con cuidadores familiares de personas con demencia, *S. Garcíaz, A. B. Navarro y B. Bueno*

Guía de técnicas de terapia de conducta, *A. Gavino.*

Guía práctica de detección de problemas de salud mental, *B. Ausin y M. Muñoz.*

Habilidades del terapeuta de niños y adolescentes, *A. Fernández.*

Hiperconectados *E. Rincón (coord.).*

Iniciativa personal, *A. Lisbona y M. Frese.*

Infertilidad y reproducción asistida, *Y. Gómez, F. J. de Castro, R. Antequera, C. Moreno, C. Jenaro y Á. Ávila.*

Intervención de las familias y profesionales en personas con trastornos del espectro autista, *M. Ojea.*

Intervención psicológica en emergencias, *M.ª D. Pujadas Sánchez.*

Intervención psicológica en terapia de pareja, *F. J. Labrador.*

Intervención psicológica grupal en dolor crónico, *J. Rodríguez, S. Couceiro y C. J. van der Hofstadt.*

La comunicación para parejas inteligentes, *R. Roche.*

La infertilidad, *Y. Gómez, R. Antequera, C. Moreno, C. Jenaro, A. Ávila y B. Hurtado.*

La pareja en la vejez, *M.ª H. Feliu.*

La persuasión, *J. Borg.*

La regulación de las emociones, *J. M. Mestre.*

La vida es juego, *V. J. Ventosa Pérez.*

Liberarse de las apariencias, *M.ª Calado.*

Los conflictos, *J. M. Fernández, y M.ª del M. Ortiz.*

MADEMO. Manual de educación emocional para docentes, *I. Montoya, K. Schoeps y S. Postigo y R. González.*

Manual de intervención integral en psicoestimulación para demencias, *Á. Rodríguez Mora.*

Manual de la entrevista psicológica, *C. Perpiñá, I. Montoya y S. Valero.*

Manual ilustrado de habilidades de comunicación, *E. López Méndez, P. Llorente Domingo y M. Costa Cabanillas.*

Mente activa, *M. Fernández, A. da C. Soares, M.ª Lens y J. M. Mayán.*

Mi líder soy yo, *A. Valera Ibáñez.*

Mi pareja no me escucha, *J. A. Delgado.*

Mitos viejos y nuevos sobre sexualidad, *F. López.*

Muerte por suicidio, *E. Echeburúa.*

Mujeres víctimas de la violencia doméstica, *F. J. Labrador, P. de Luis, R. Fernández y P. Paz.*

Niños hiperactivos, *I. Moreno y M.ª S. Menéres.*

Orientación profesional en la incertidumbre, *P. Martínez y C. González.*

Pequeño tratado de manipulación para gente de bien, *R.-V. Joule y J.-L. Beauvois.*

Placebos, fármacos y psicoterapias, *J. Toro.*

Plan estratégico personal, *M. Á. Mañas.*

¿Por qué víctima es femenino y agresor masculino?, *E. Echeburúa y S. Redondo.*

Problemas psicológicos en jóvenes universitarios, *C. Larroy y F. J. Estupiñá.*

Procedimientos terapéuticos en niños y adolescentes, *J. M. Ortigosa, F. X. Méndez y A. Riquelme.*

Profesor a mucha honra, *I. Jiménez Largo.*

Programa de intervención multidimensional para la ansiedad social (IMAS). Libro del terapeuta, *V. E. Caballo, I. C. Salazar, L. Garrido, M.ª J. Irurtia y S. G. Hofmann.*

Programa de intervención multidimensional para la ansiedad social (IMAS). Libro del paciente, *V. E. Caballo, I. C. Salazar y L. Garrido.*

Programa para el control del estrés, *M.ª I. Peralta y H. Robles.*

Programa para la intervención psicológica del mutismo selectivo en los contextos educativos, *J. Olivares y P. J. Olivares.*

Programa para mejorar el sentido del humor, *B. García.*

Programa NUHELP, *E. Mota, D. Puente y R. Montoya (coords.).*

Programa Relaciones Positivas (PRP), *M.ª I. Monjas.*

Programa SALUDIVERSEX, *M.ª D. Gil Llario, R. Ballester, L. Caballero y C. Escalera.*

Protección social a las personas en situación de dependencia en España, *J. Á. Martínez-López (coord.).*

Protocolo multimedia para fobias específicas, *A. Ruiz y I. Valero.*

Protocolo unificado para el tratamiento transdiagnóstico de los trastornos emocionales en adolescentes, *J. Ehrenreich-May, S. M. Kennedy, J. A. Sherman, S. M. Bennett y D. H. Barlow.*

Protocolo unificado para el tratamiento transdiagnóstico de los trastornos emocionales en niños, *J. Ehrenreich-May, S. M. Kennedy, J. A. Sherman, E. L. Bilek y D. H. Barlow.*

Psicología aplicada a la ayuda en situaciones de emergencia y catástrofe, *J. M. Fernández Millán.*

Psicología aplicada para profesionales de la intervención en emergencias, *J. M. Fernández Millán y M. Fernández Navas.*

¿Qué es el ansia por la comida?, *S. Moreno, S. Rodríguez y M.ª del C. Fernández-Santaella.*

¿Qué es el Parkinson?, *M.ª J. Fiuza y J. M. Mayán.*

Qué fácil ganarlo, qué difícil perderlo, *M. Costa y E. López.*

¿Quién queda en el armario?, *D. Di Marco, L. Munduate, A. Arenas y H. Hoel.*

Salud mental y embarazo, *R. A. Caparros-Gonzalez.*

Ser gordo, sentirse gordo, *I. Amigo.*

Ser padres, actuar como padres, *J. Olivares, A. I. Rosa y P. J. Olivares.*

Si la vida nos da limones, hagamos limonada, *E. López y M. Costa.*

Situaciones difíciles en terapia. *F. J. Labrador.*

Soledad(es), *E. Lara Pérez, N. Martín María (coords.).*

Soy estudiante, *J. Gallego.*

Superar un trauma, *E. Echeburúa.*

Tócame otra vez, *M. Costa y E. López.*

Todo lo que usted siempre quiso saber sobre las emociones, *F. Martínez Sánchez, E. G. Fernández-Abascal, F. Palmero.*

Trastornos alimentarios, *M.ª Calado Otero.*

Tratamiento del TOC en niños y adolescentes, *A. Gavino, R. Nogueira y A. Godoy.*

Tratamiento psicológico de los trastornos de alimentación, *J. Sevillá y C. Pastor.*

Un villano llamado estrés, *M.ª I. Peralta (Coord.).*

Vivencia, experiencia y recuerdo, *R. Aguado Romo.*